Los Tientos
23 – 24

Residencias de creación

Los Tientos
23 – 24

Ana Arenas · Isabel Do Diego · Enrique del Castillo
Miguel Guerrero · Paula Bruna · Sara Espinosa · Julio Jara
Sasha Binia Benarie· Begoña M. Rueda

Con el acompañamiento de:
Laila Tafur · Mateo Chica

Dirección y edición:
Antonio Collados Alcaide · Marina Hervás Muñoz
Marisa Mancilla Abril · Pedro Ordóñez Eslava

Los Tientos es un programa de formación y creación artística que adopta la forma de residencia de creación donde el flamenco es el eje motor y articulador en relación a otras artes.

Los Tientos como espacio de experimentación, indagación y tentación transdisciplinar.

Los Tientos como oportunidad para tentar, acariciar, palpar, probar, provocar…

Los Tientos como tentativa, como espacio para la experimentación, para el riesgo incluso.

Los Tientos como condición necesaria para la creación.

Los Tientos como ritmo lento, amable y respetuoso con los procesos de aprendizaje.

Los Tientos como "energía táctil", empática, exploradora.

ÍNDICE

Presentación

La presente publicación se edita con motivo de la presentación de la tercera edición del programa de residencias de creación Los Tientos. El objetivo principal del mismo es propiciar el encuentro en Granada de creadores de diversas disciplinas interesados en generar un espacio de investigación y experimentación artística con el flamenco como campo vertebrador.

Los Tientos fijaba sus acciones en la celebración del centenario del Concurso de Cante Jondo en 2022, aunque con la aspiración de poder trascender esta fecha y que se convirtiera en una acción de apoyo continuada. En este sentido, gracias al apoyo de una amplia red institucional, el programa suma ya tres ediciones y se ha convocado la cuarta. Esto habla del enorme interés que ha despertado una iniciativa surgida en el seno de la Universidad de Granada pero que ha encontrado reconocimiento en la ciudad de Granada y más allá de ella. En estas tres ediciones han sido cerca de un centenar las solicitudes recibidas para participar de este programa de residencias.

Por otra parte, Los Tientos se presenta como una línea de apoyo –complementaria a otros programas impulsados por entidades públicas y privadas de Granada– que trata de contribuir al desarrollo de la cultura local y a sostener procesos de formación y creación que asuman el riesgo y la experimentación, aspectos que consideramos propios de la identidad universitaria del proyecto. Los Tientos se idea e impulsa desde una institución académica, en colaboración con otras instituciones culturales. Esto obliga a pensar su convocatoria de manera diferenciada a la de otras propuestas con similares objetivos. La universidad, cuyos fines se fundan en la investigación y la docencia, reorienta Los Tientos hacia la conformación de un espacio de experimentación pero también de formación, donde los residentes puedan beneficiarse de los saberes compartidos entre ellos, así como también de las conexiones que puedan darse en la ciudad, con el contexto social y el ambiente cultural de Granada. Destacaríamos el valor que suma al proyecto la posibilidad dada por la Fundación Federico García Lorca y la Fundación Archivo Manuel de Falla para que los residentes puedan trabajar a partir de los fondos de sus archivos. Figuras como Federico García Lorca y Manuel de Falla, esenciales en la conformación del Concurso de Cante Jondo de 1922, son fuente de inspiración ineludible en un programa como este. Como también lo son José Val del Omar, Manuel Ángeles Ortiz, Hermenegildo Lanz, Juan de Loxa o Enrique Morente, por citar solo algunos creadores granadinos que entendieron el arte como un territorio de cruces entre lenguajes y disciplinas y con los que un programa como Los Tientos se siente en deuda.

Los Tientos es un programa cultural en el que personas con espíritu abierto, voluntad colaborativa y ambición creativa comparten un espacio de reflexión y experimentación durante un mes, acompañados por profesionales de prestigio invitados para enriquecer el espacio de formación complementaria que también quiere ser este proyecto. Tras la residencia, los creadores han podido desarrollar un proyecto de creación producido gracias a la ayuda económica que también aporta Los Tientos como parte de los beneficios que se obtienen del programa.

Esta publicación acompaña y fija en la memoria la presentación expositiva de los resultados de la segunda edición de Los Tientos en salas del Palacio de los Condes de Gabia de la Diputación de Granada y en el Centro Federico García Lorca. Para la Universidad de Granada es un enorme placer poder participar del desarrollo de espacios donde los saberes académicos se alíen con otras formas de conocimiento para dar lugar a creaciones artísticas de tanto valor como las que nos ofrecen los residentes de esta tercera edición de Los Tientos.

Quisiéramos agradecer a la Diputación de Granada, el Instituto Cervantes, la Fundación Federico García Lorca y el Consorcio Centro Federico García Lorca, la Fundación Archivo Manuel de Falla, la Escuela de Arte "José Val del Omar" de Granada-Fundación Robles Pozo, la Residencia Universitaria Corrala de Santiago y la Residencia Universitaria Carmen de la Victoria su colaboración e impulso a Los Tientos. Y felicitar a los y las residentes por los proyectos que ahora nos presentan. Esperamos que este programa sea tanto para ellos personalmente como para su trabajo tan estimulante como es para nosotros desarrollarlo.

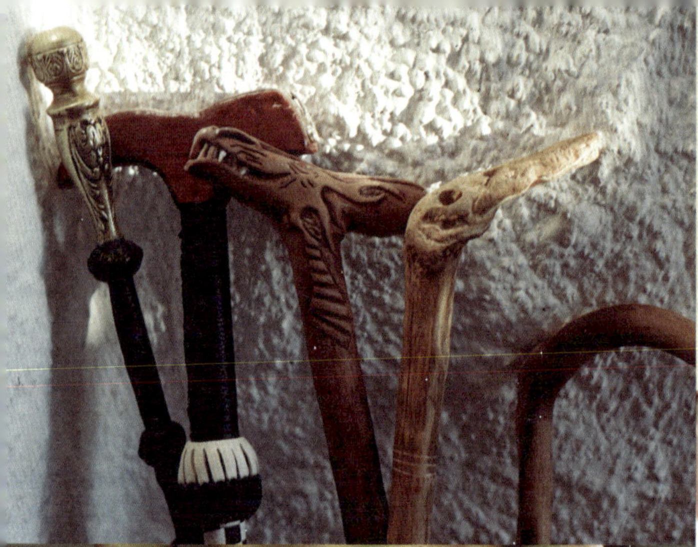

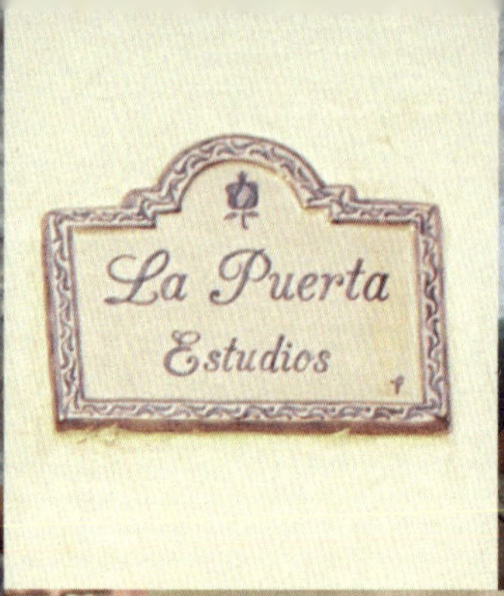
La Puerta
Estudios

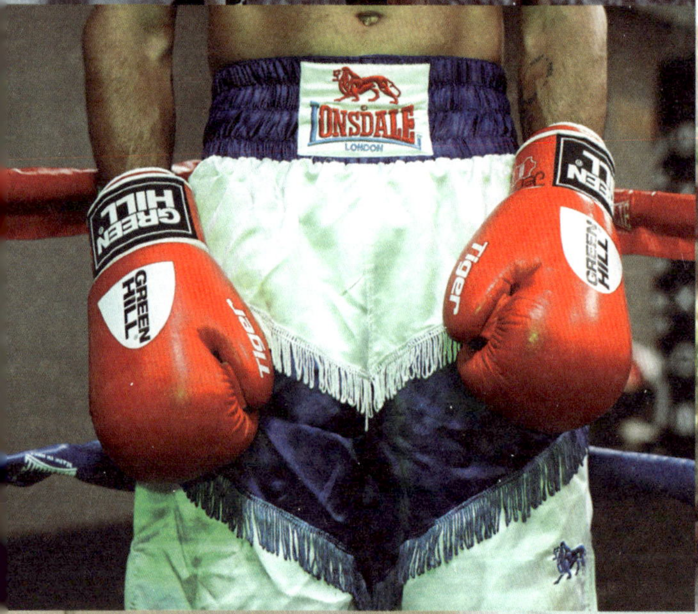
LONSDALE
LONDON
GREEN HILL
Tiger
GREEN HILL
Tiger
GREEN HILL
GREEN HILL

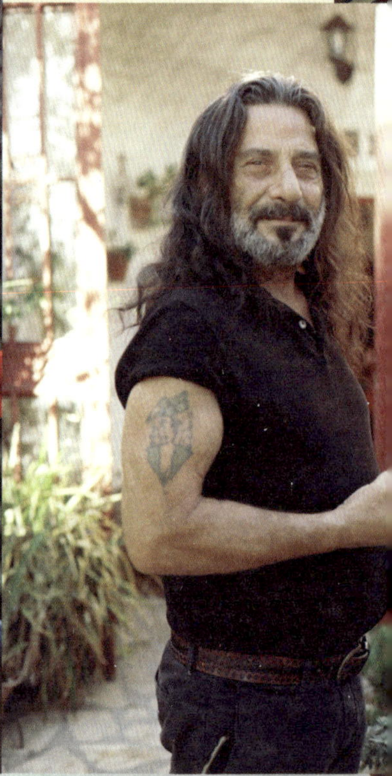

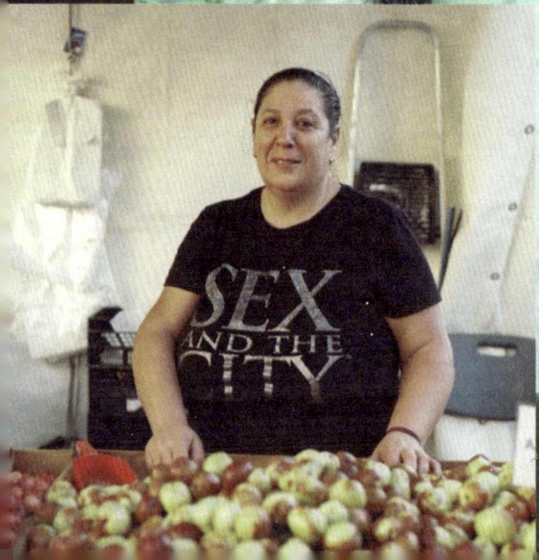
SEX
AND THE
CITY

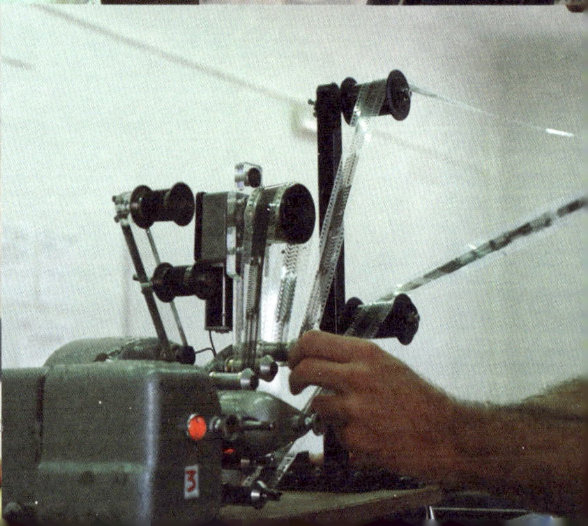
3

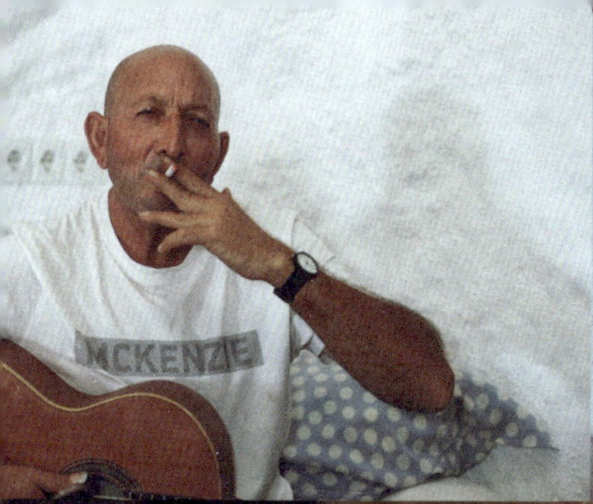
MCKENZIE

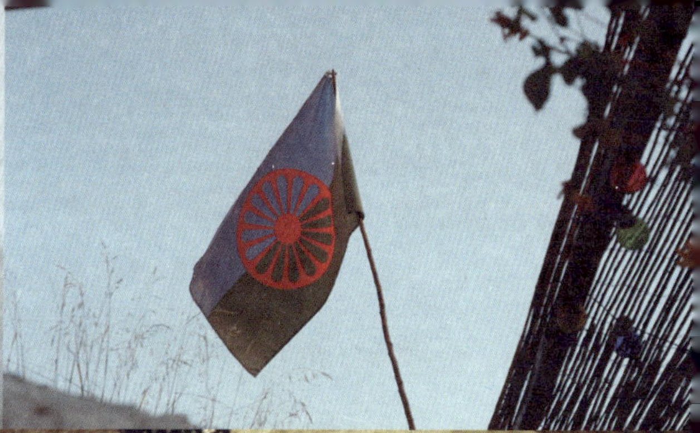

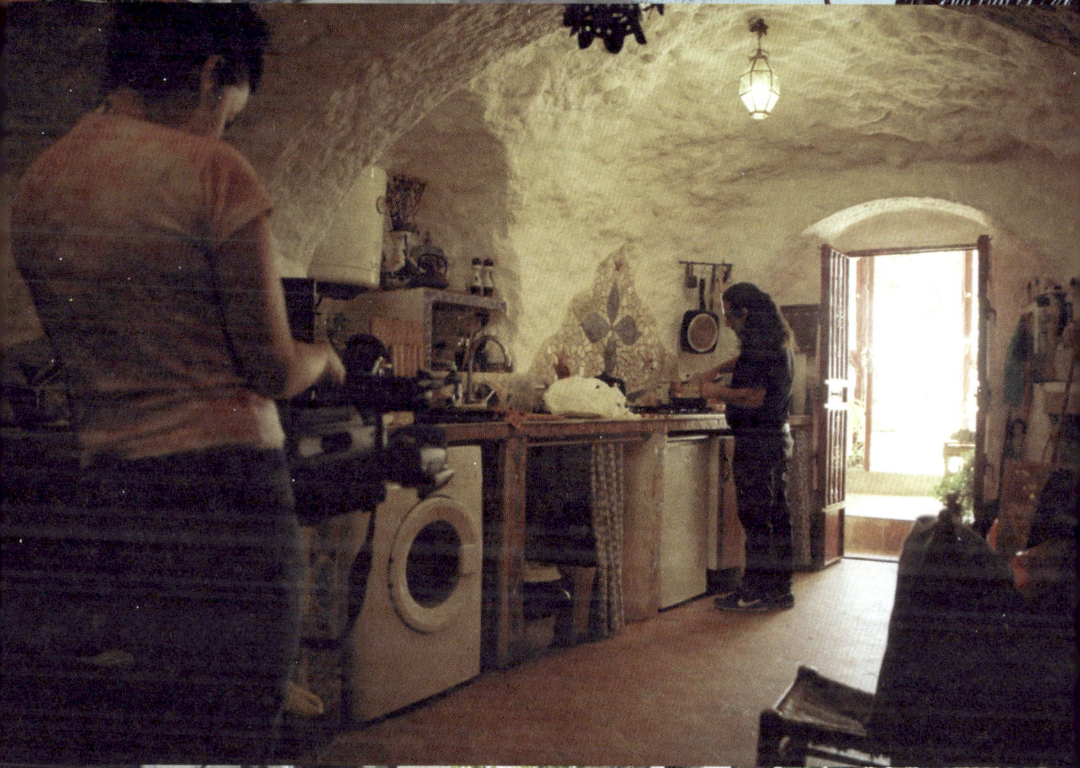

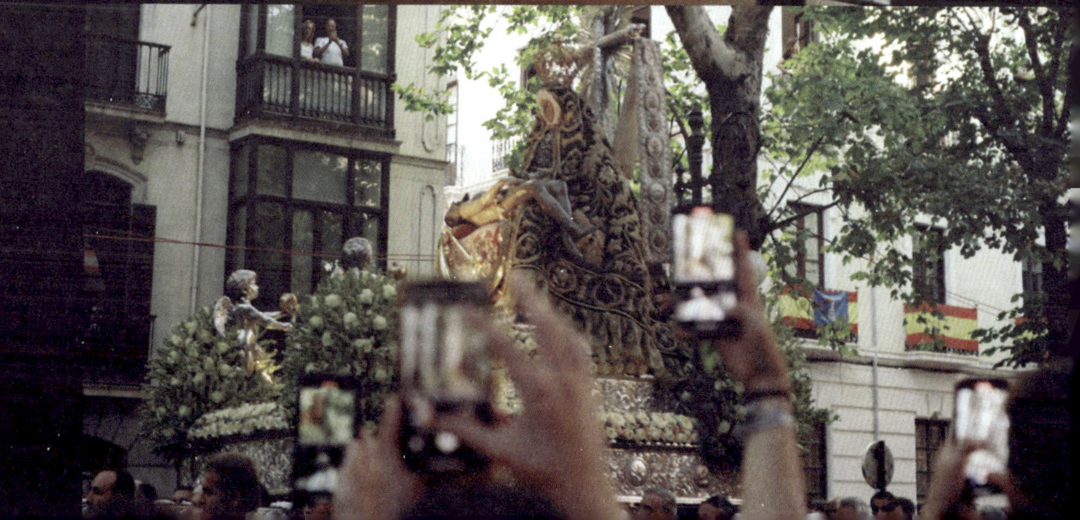

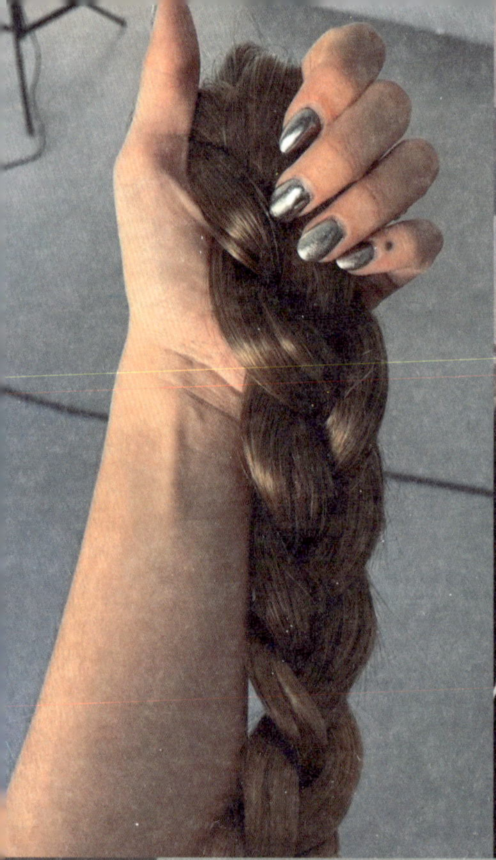

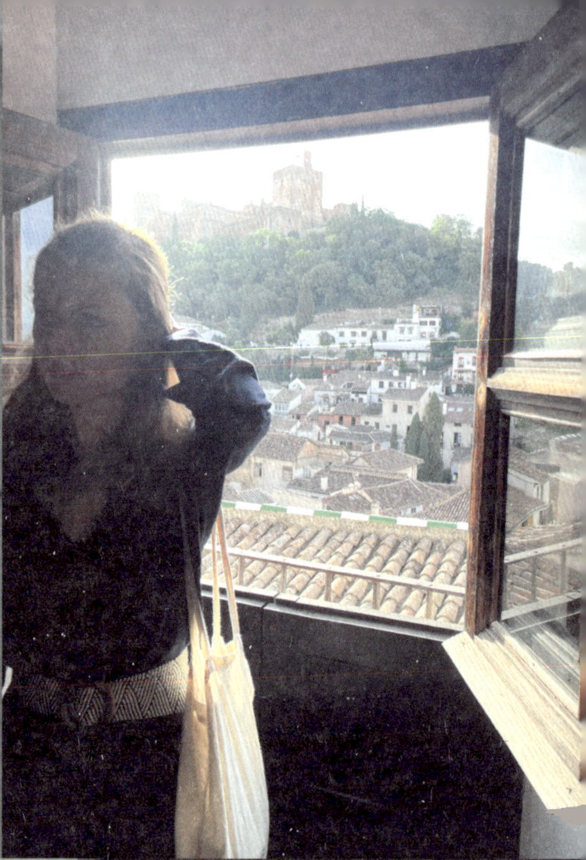

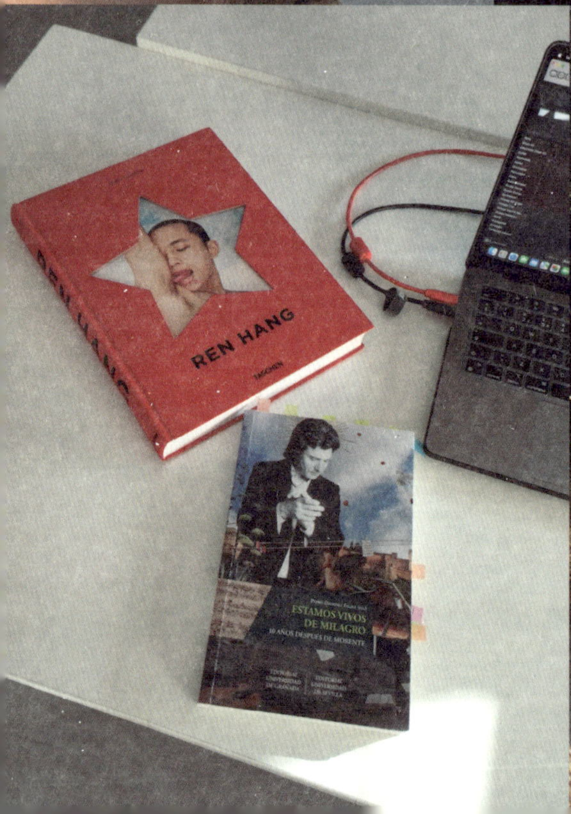
REN HANG
TASCHEN
ESTAMOS VIVOS DE MILAGRO
10 AÑOS DESPUÉS DE MORENTE

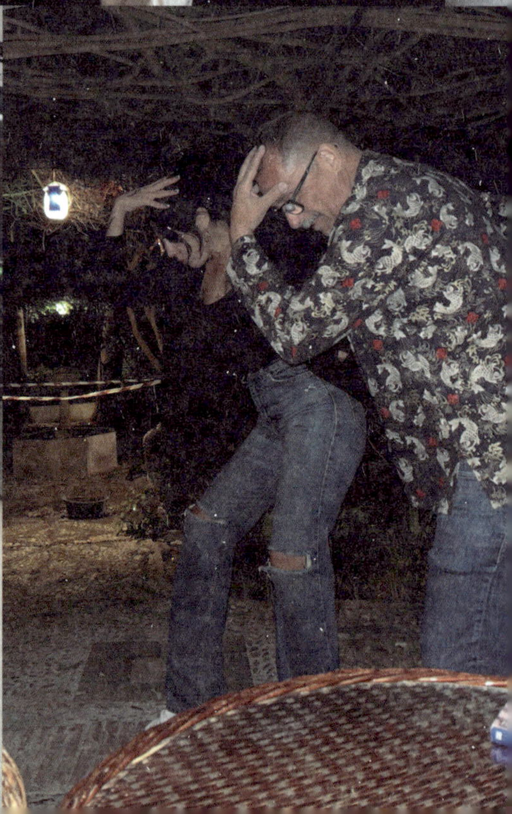

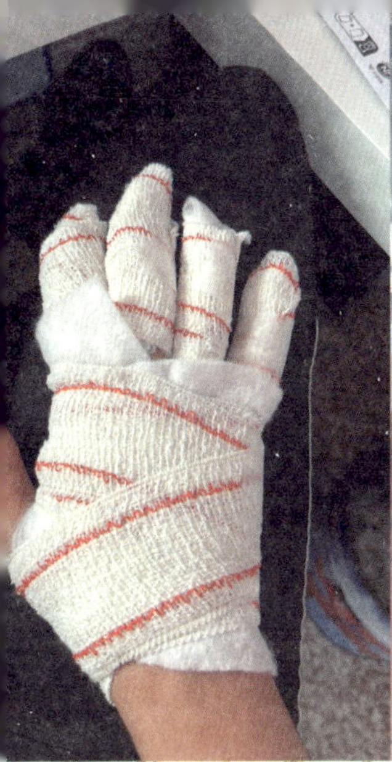

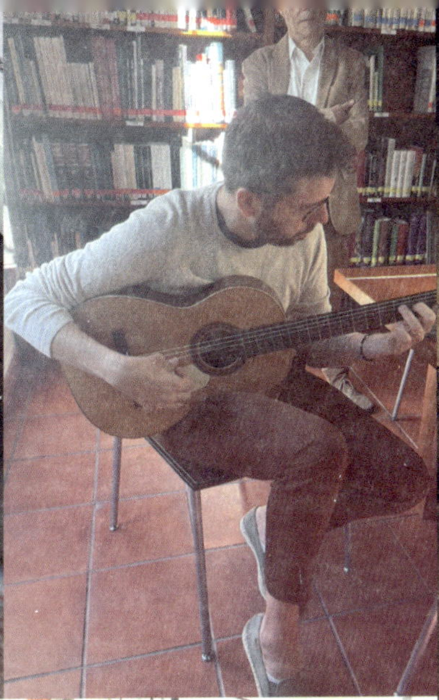

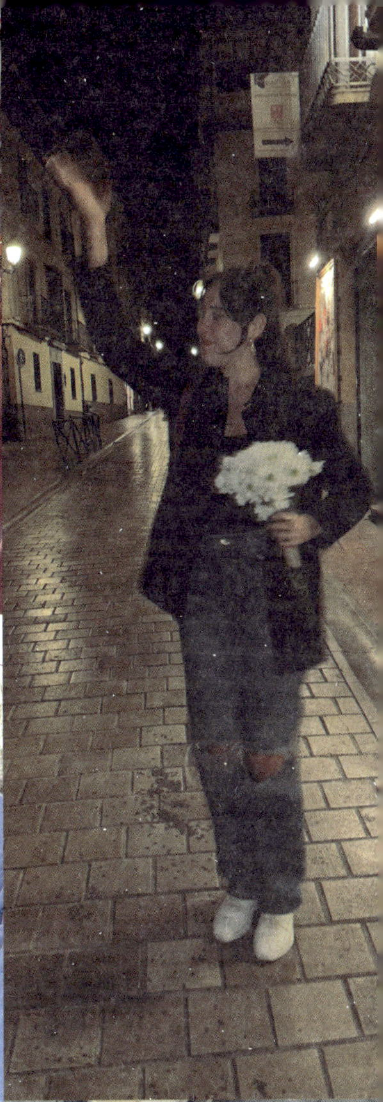

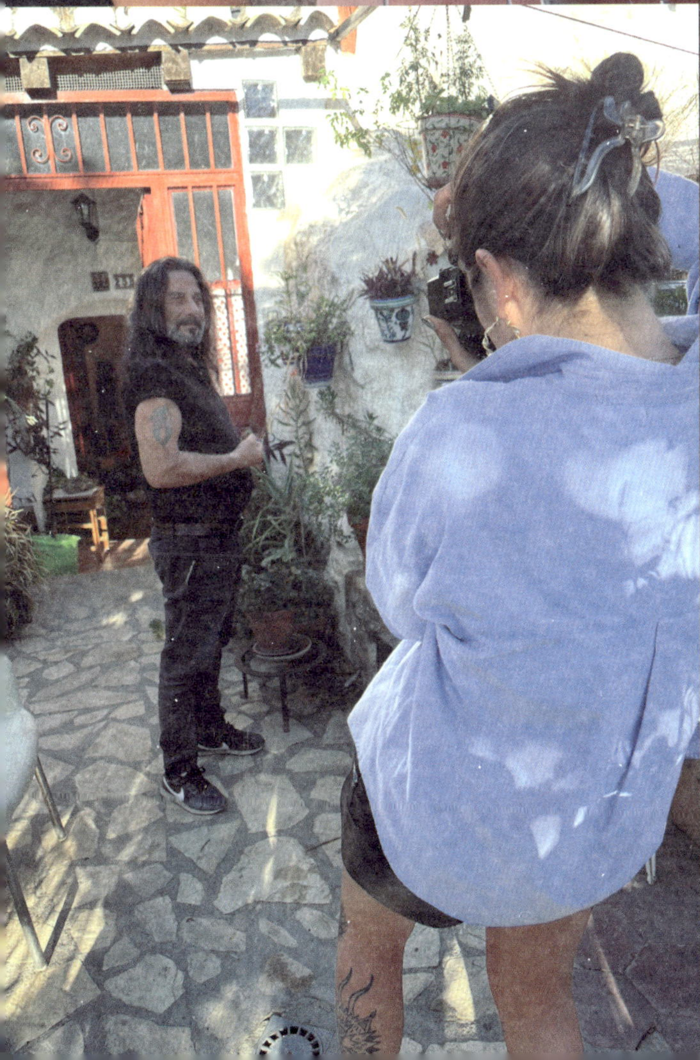

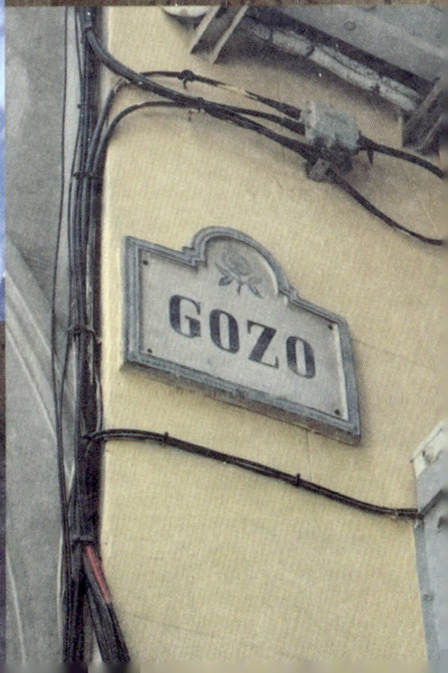
GOZO

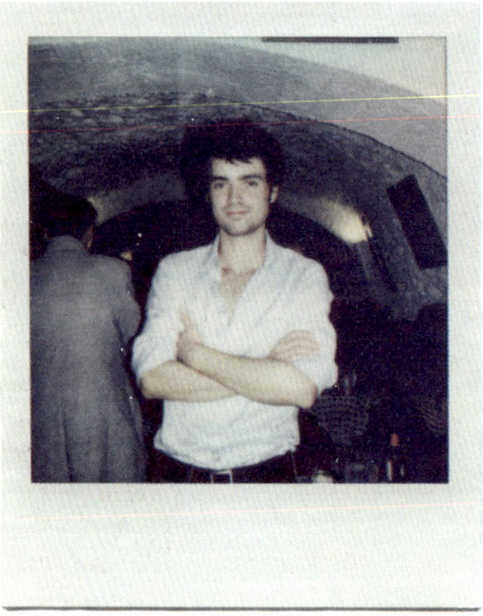

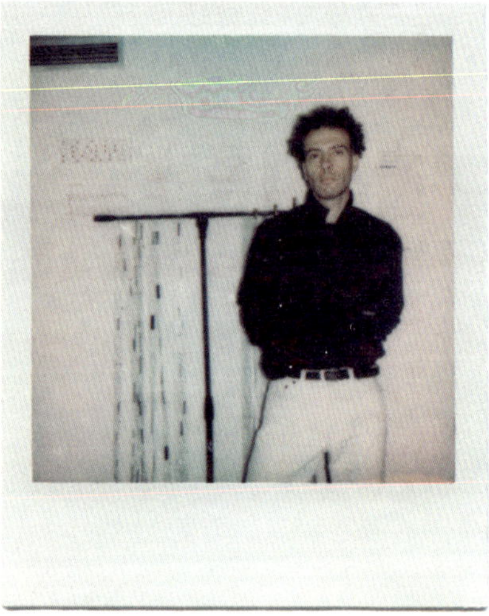

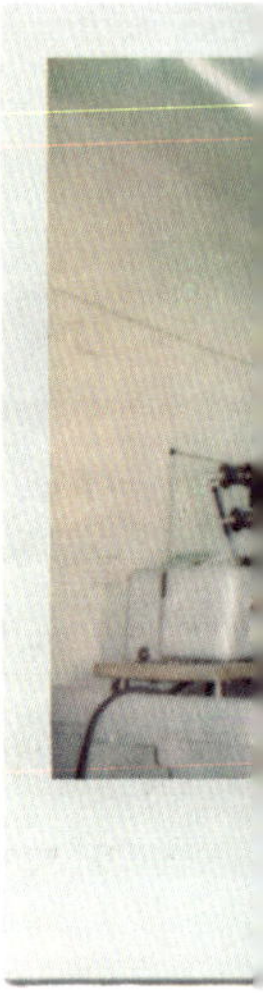

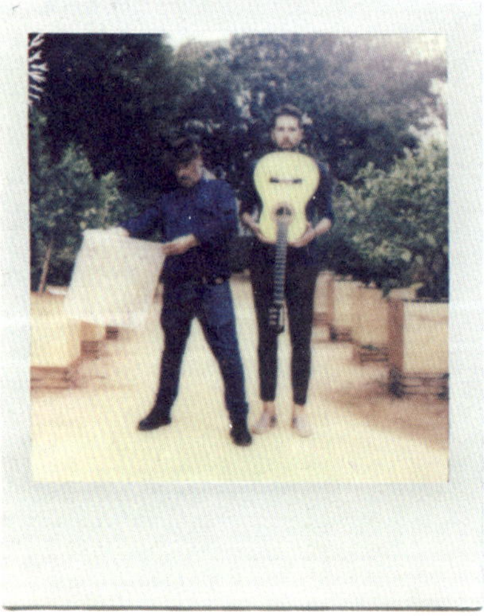

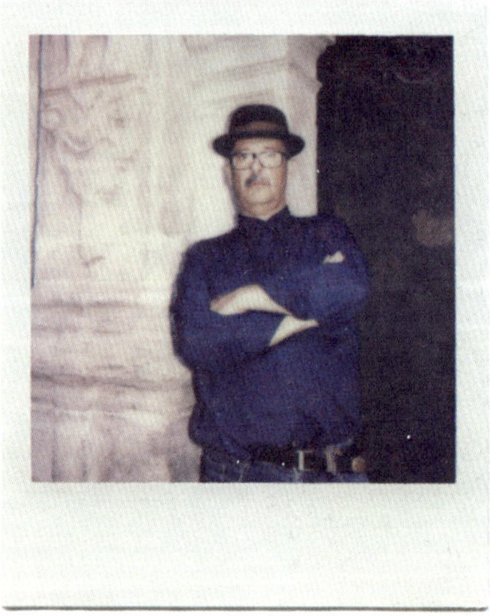

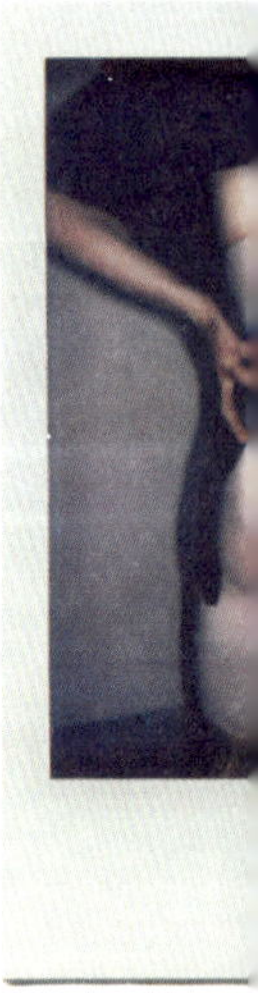

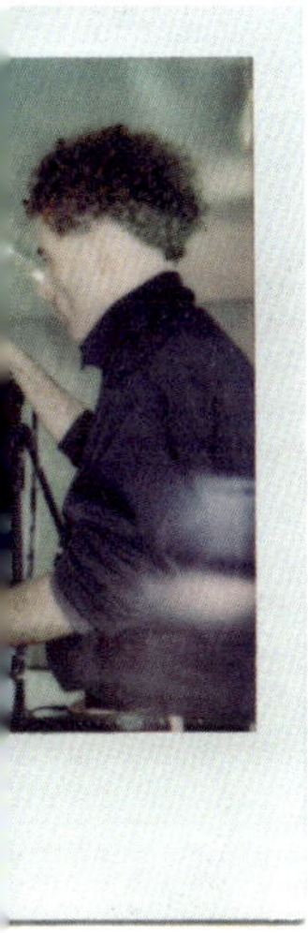
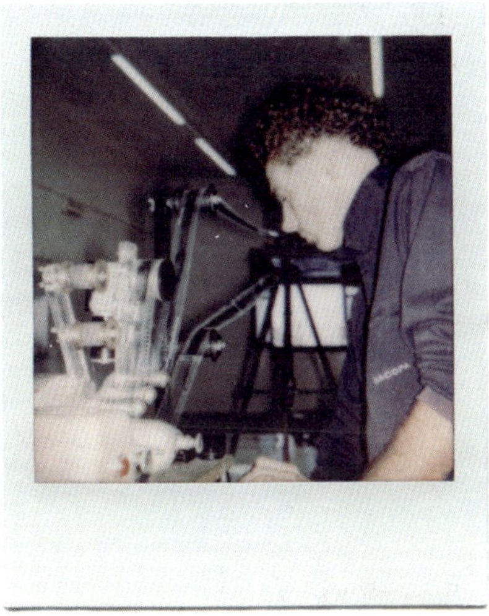
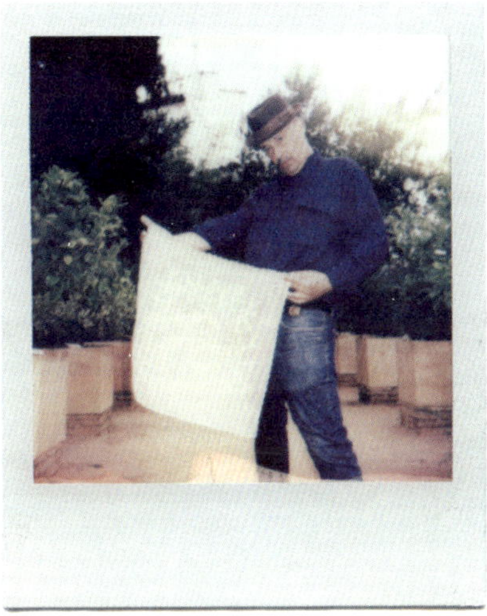
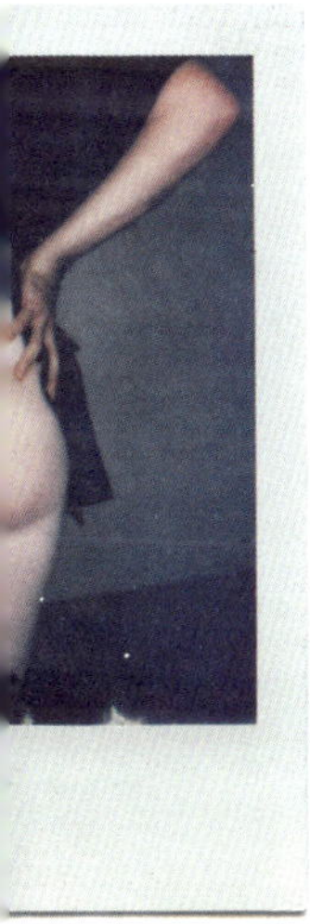
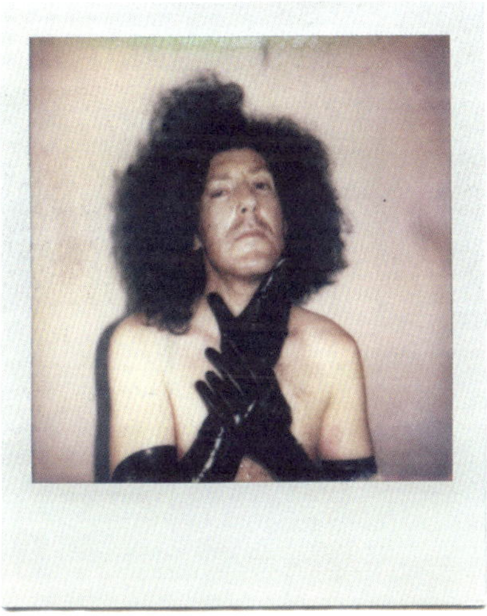
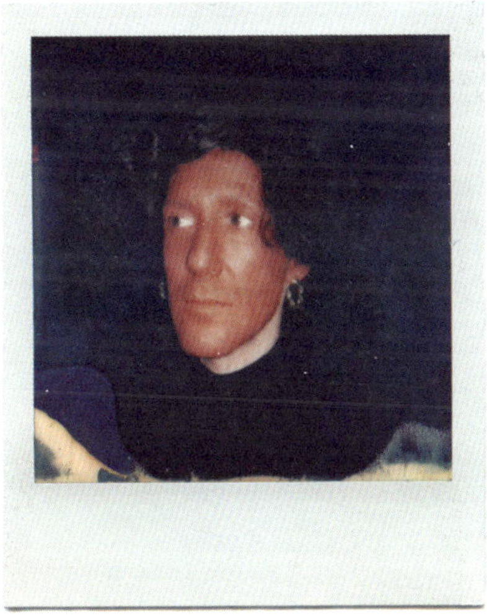

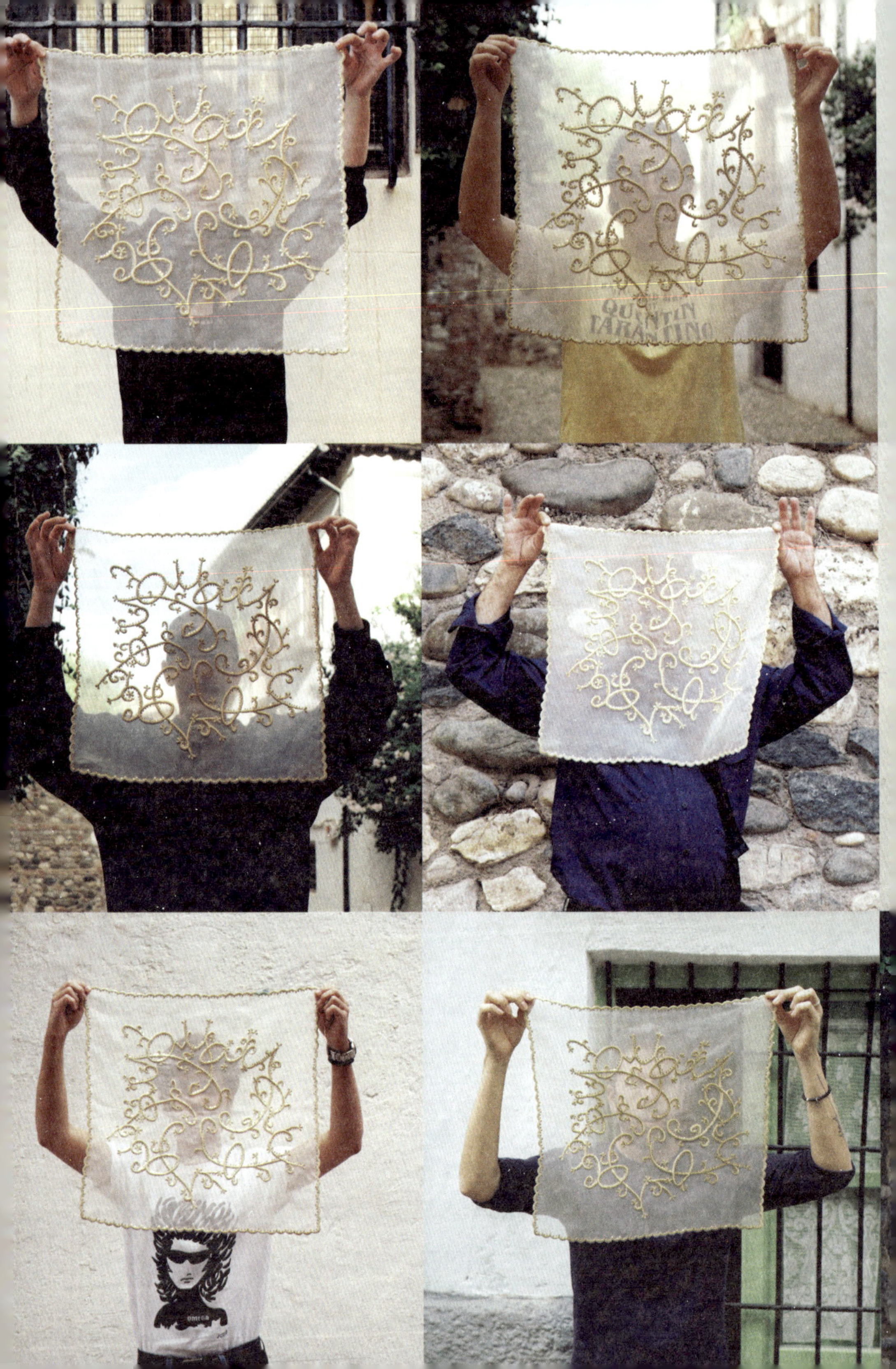
QUENTIN TARANTINO

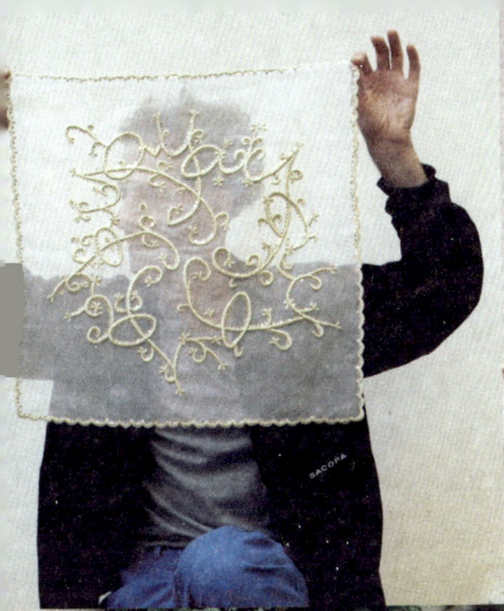
SACOPA

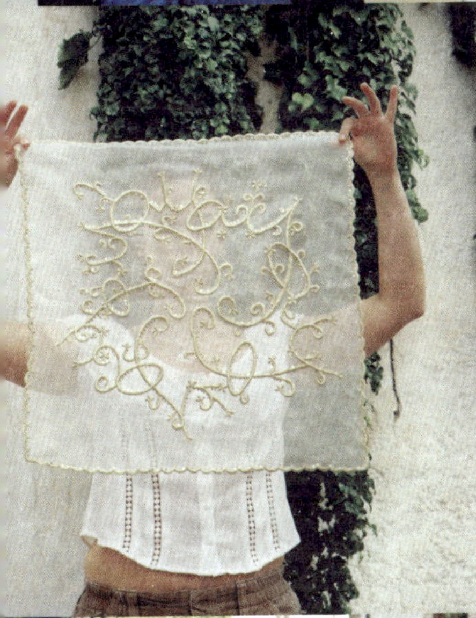

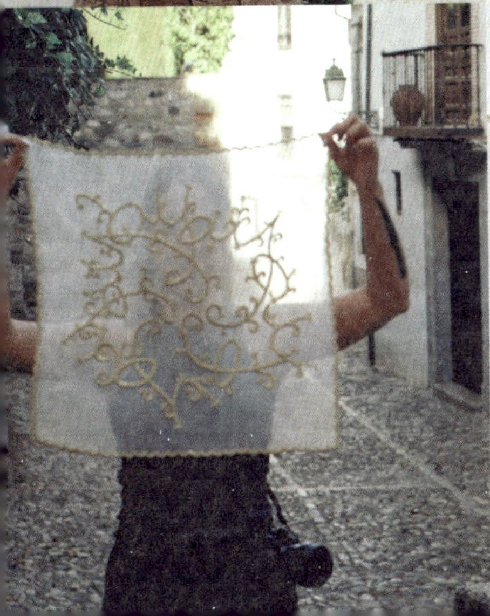

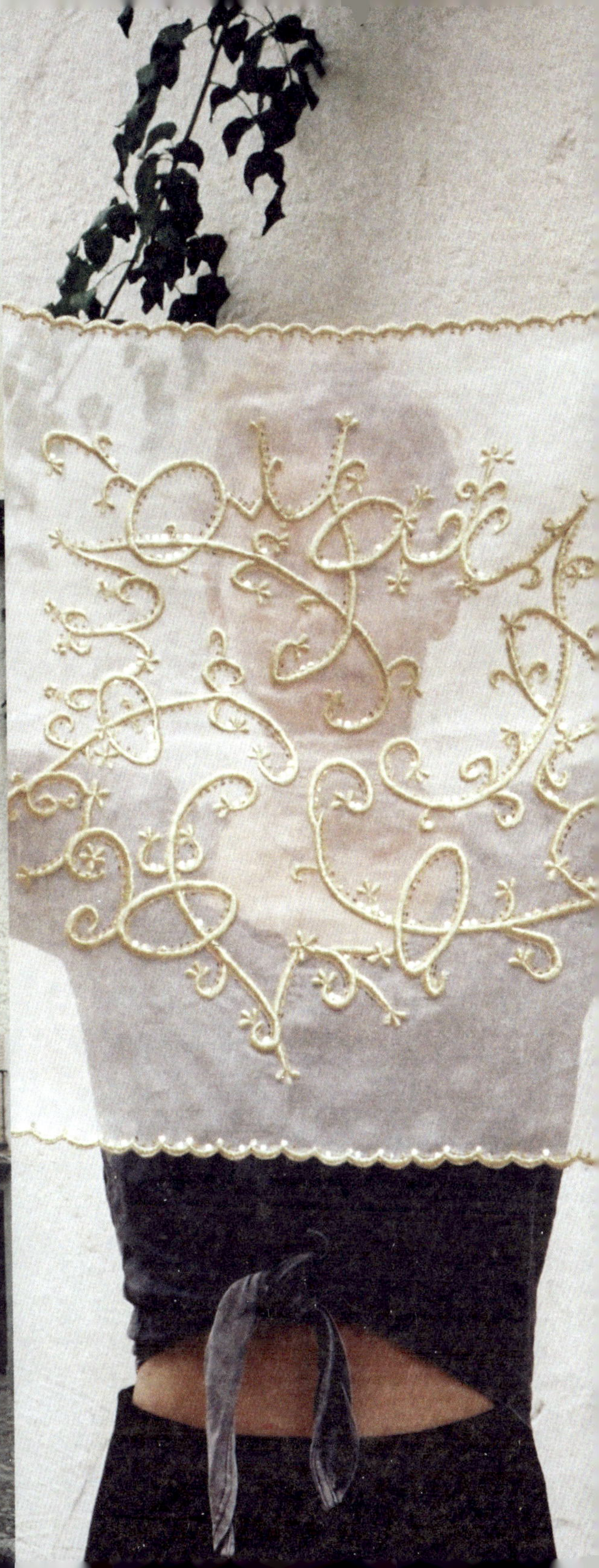

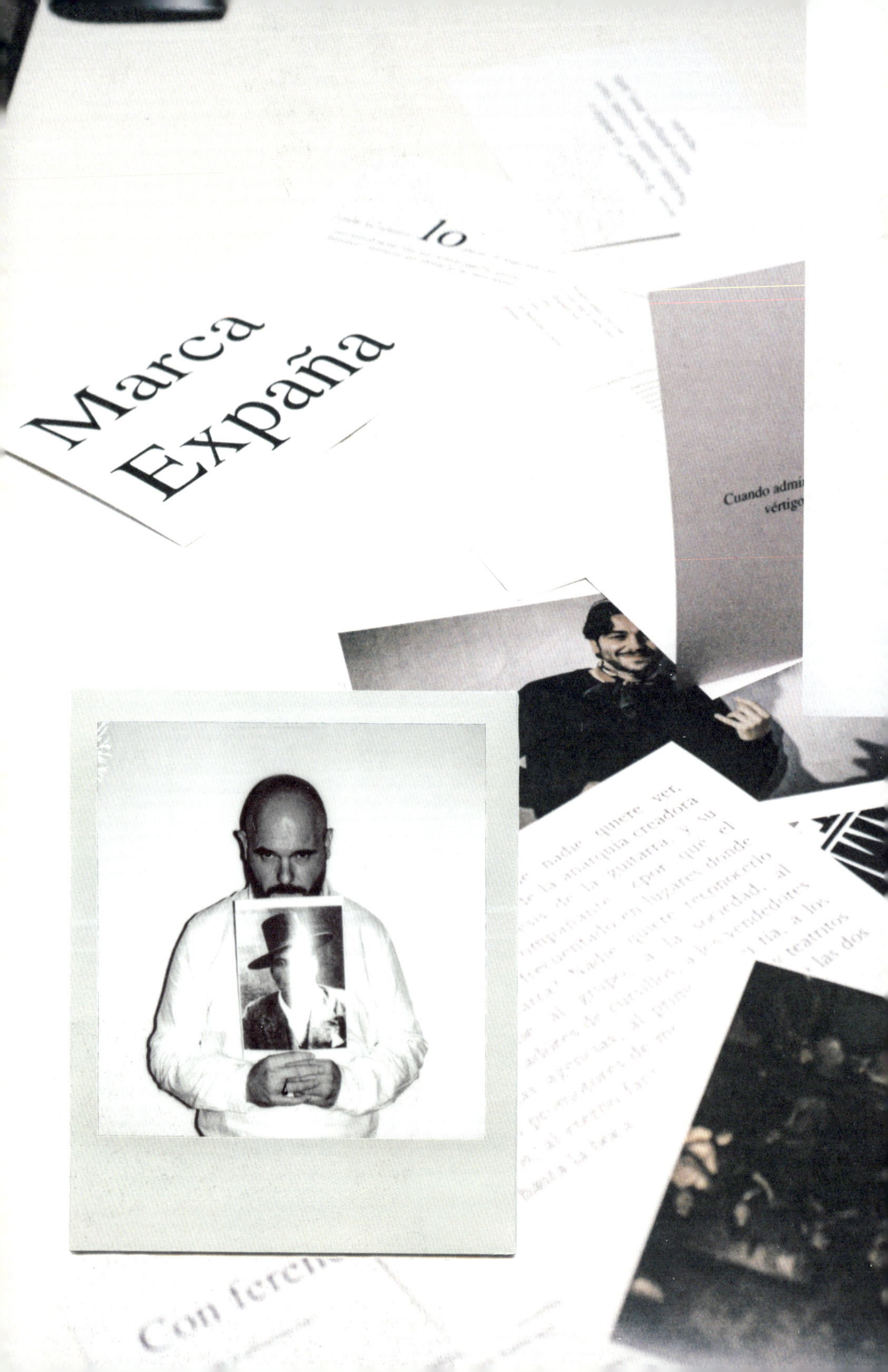
Marca
Expaña

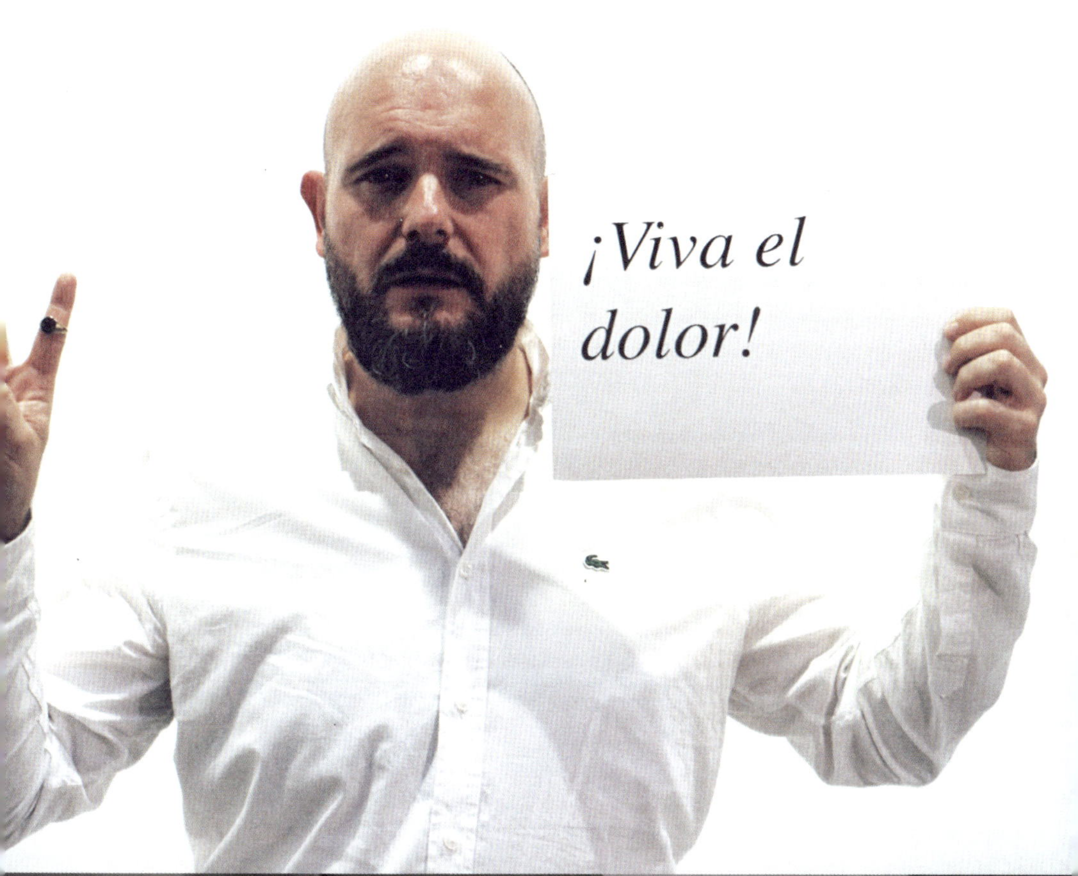
¡Viva el
dolor!

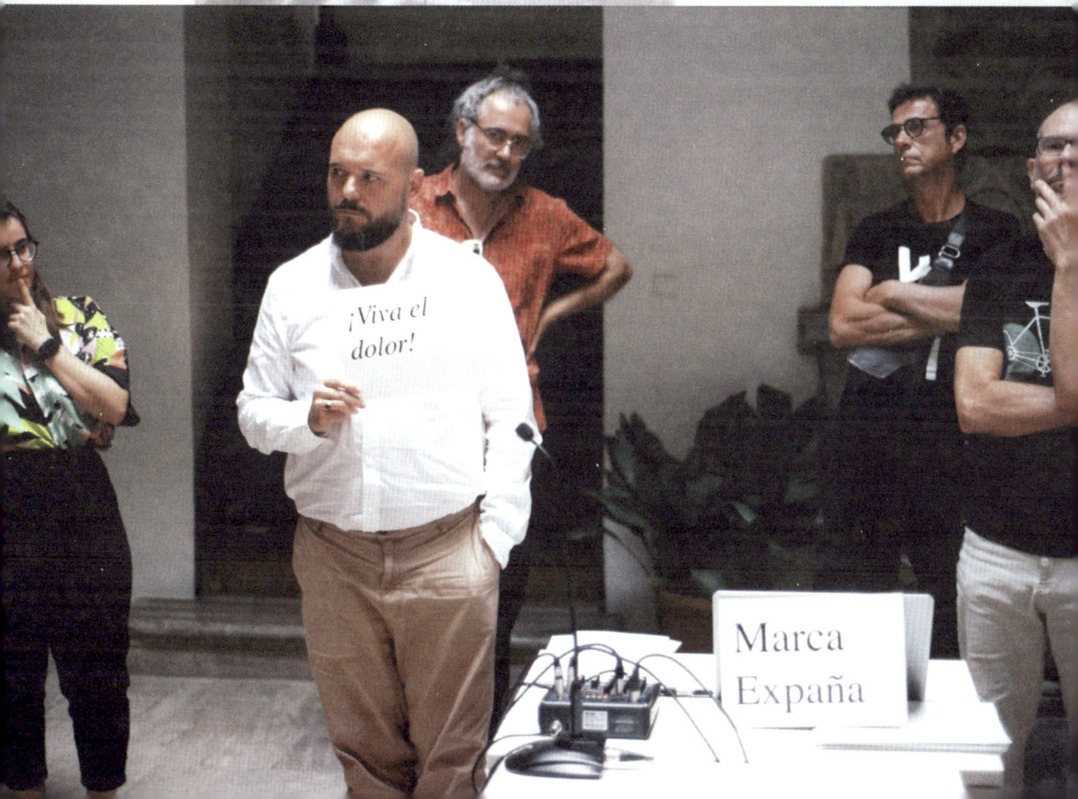
¡Viva el
dolor!
Marca
Expaña

23—

–24

Los Tientos

Ana
Arenas

30 – 39

"El texto aborda la intrínseca conexión entre el cuerpo, la música y la danza, explorando cómo estos elementos se entrelazan para crear una experiencia artística que va más allá de lo puramente escénico. Se contempla la danza no solo como una serie de movimientos, sino como una expresión profunda del ser, donde la música actúa como un puente entre el mundo tangible y el reino de lo emocional y espiritual. El diálogo entre el sonido y el movimiento se presenta como una forma de comunicación más allá de las palabras, donde el cuerpo danzante se convierte en un vehículo para explorar y expresar las complejidades de la experiencia humana. El texto sugiere una reflexión sobre la naturaleza de la danza y la música como formas de arte que invitan a la introspección y al descubrimiento personal, destacando su capacidad para trascender las barreras culturales y conectar a las personas a un nivel más profundo." (Chat GPT)

De la naturaleza escénica presupuesta del cuerpo. El gesto transcribible y la reacia entrega de la danza al lenguaje formal de la reflexión. En tanto cuerpo expresivo-propioceptivo: Warburg o Valery? Apenas un dolor limitante le convoca a aparecer. Como aquello que atiende a la presencia mientras se atiende a si mismo. Envuelto en la obsesión, porque no es pensar el cuerpo sino estar en el cuerpo. Si Bailar no es adoptar una pose tras otra, Bailar es otra cosa.

Comienza por dejar espacio entre "lo mío" y "yo" de repente suspendidos en el movimiento que baila.

Solo una butaca mira y se embelesa. Con o sin dramaturgia. Con o sin vaivén dramático. Su unísono inseparable. Se deja zarandear incluso por un guión auto-inventado. Incluso sin partitura. Lo que ve sigue siendo cuerpo que danza. Soma que percute. Percute con la esperanza de una respuesta digna aunque (no) intuya a la altura de qué.

En cualquier caso un cuerpo que danza no es irremediablemente escénico. Va en busca de su experiencia inmersiva porque no vive inmerso y Ahí encuentra el oído su tinnitus divino. Yuejing, el libro perdido de la música. Vestíbulo de entrada a un verbo primordial en sincronía. Un Logos no parlante. Un zumbido. En la biblioteca de ese hospital Simone Weil elucida la atención del rapto. La experiencia en el camino de vuelta de algún que otro Monte Verità.

Audio como señal eléctrica. Co-criando la diferencia entre invento y descubrimiento en el impacto de una época del todo mesmérica. No sabrás esto pero a todas las Loïe Fuller de hoy y de mañana les acompaña una Valentine de Saint-Point y con esta una Amalia Domingo Soler. Justicia distópica de todo entramado circular.

De la onda estacionaria resultante de este encierro cabe esperar más y mejores "resultados". Es el continuo de una obra nunca acabada conscientes de que escapa a nuestras manos.

I Am Sitting in a Room.

Está el oído hecho a ese diálogo sedimentado. Descansa el sentido musical donde decanta el sonido. Entre tercios, falsetas, pasajes, soniquetes y su ruido. Alfabeto cuyo dominio propicia en todas direcciones: un estanque no es un ecosistema muerto a pesar de su "salvaguarda". Protegida la explotación declarada de interés inmaterial. Rentabilizable. Música de "pobres" sobre la que teorizar bañada en cuartos de tonos, síncopas y glisandos. Virtuosismo redentor con todas sus bufonadas. Siempre desde la alteridad. Servilismos supeditados al binomio técnica - élite en un entorno inclasificable entre lo popular, lo culto y lo folclórico. Viva! Madrid que es la corte y viva! el Parque España en Japón.

La Afición cuando entiende de lo propio y lo impropio porque "¡Vamos a escuchar!". Como al oyente del ausente, discrimina al detalle cada estrofa. Cada hecho cultural de un ritual ya satisfecho en su carga identitaria. Cada ficción autoinfligida en el nombre de la mímica tradicional del común de los mortales. Miseria en todas sus formas y enfermedad como sufrimiento, no tanto como diagnóstico. El niño Gloria en la Alameda de Hércules vendiendo cigarrillos hechos de restos de colillas susurrando a Rodney Harrison "todo esto es mi patrimonio, todo este patrimonio es mío".

GG, GG Tx, T GGx G, G GGx G Gx G, GG Ggx GG
Ggx G, PT, G Tx T Tx T, tPT, G Tx T, P Tx T, PT Tx,
PT Tx PT Tx G, PT Tx T, PPx TTx GGx, PP Tx T.

PT Tx G, GG Gx G, G t2x T, PT t2x T, G Tx T Tx T.

GG GG x GG GG x G P, tP12 T ttx T ttx T, T tx1 T tx
T GGx P T T G.

PT tx T tx T, PT px T px T, PT tx T px T, PT px T px T.

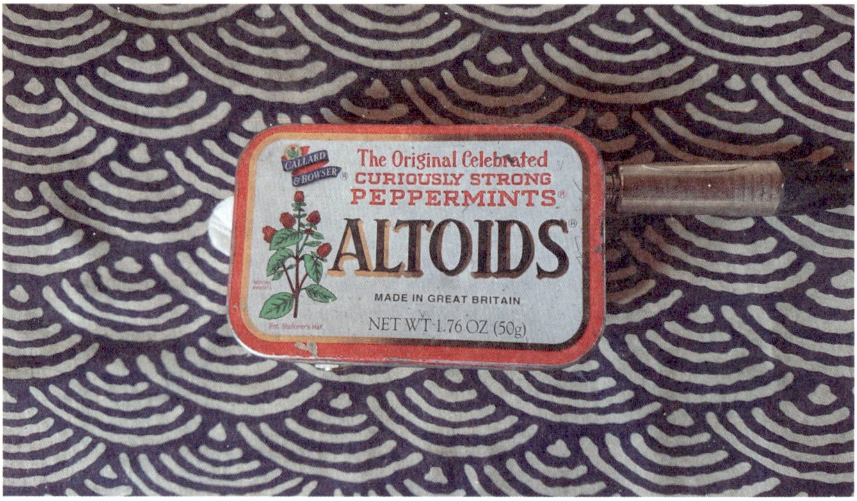

CALLARD & BOWSER
The Original Celebrated
CURIOUSLY STRONG
PEPPERMINTS
ALTOIDS
MADE IN GREAT BRITAIN
NET WT 1.76 OZ (50g)

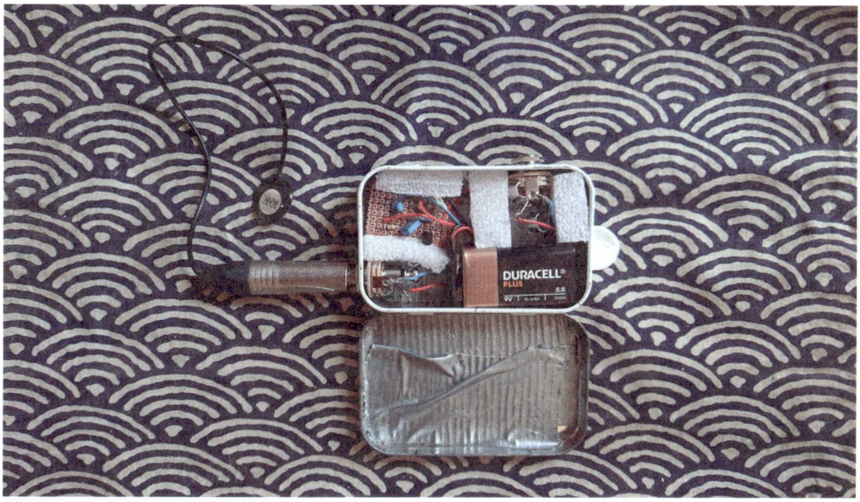
DURACELL®
PLUS

Sin cronometrar (nunca) sobrepasa la barrera de los 40 minutos de este reloj biológico. Derramados en un primer encuentro a cuerpo descubierto. No hables, no digas nada, solo toca. Dejarse ser a través de. Somos momentos parcialmente vividos. Desatada la tesitura en tientos de no afinación. Castañuelas de cristal para un final quebrantado. La voz de su amo allá por tiempos rotos. Zapateados superpuestos conforman una nube de clavos traqueteados al suelo. Intuye ahora cada superficie en que se soporta un golpe y su fondo. Matices acariciados con la extrañeza de un automatismo carnal domado.

De las propiedades sonoras del Abedul. Lo apercibido del pavimento en una lotería más o menos apañada da paso a la afirmación del propio suelo > instrumento. Llamando al timbre en busca de armónicos. Formantes acústicos.

Las relaciones entre octavas carecen aquí de convenio. Melodía, armonía y ritmo diluidos en un tiempo interior de la experiencia. Sostenerlo, levantarlo del suelo aunque solo sea 10 centímetros. Tierra - aire, tiempo - contra, pulso, no son más que percepciones reconocibles y sin embargo parece caminar. Se eleva. Modulación sin centro de gravedad que confronta con lo sonoro de una vez por todas. La tónica desaparece. La disonancia expandida perdiendo su tendencia resolutiva. ¿Cuántos tipos de asombros hay?

En la pulsación del metatarso asoman esos dos pequeños músculos que agarran la pelvis al suelo aunque aún no haya tomado tierra. Volúmenes a partir de un empuje que abra el silencio que lo envuelve. Ataque y decaimiento del paso. Lanzado en apertura, rematado o en disminución, otra vez la pegada. Otra vez la pegada, Andrés. Otra ves los códigos de una neo-lengua. Asoman al formato todo ese contenido que no es contenido como píldoras en un pastillero precisamente porque todo es política.

Wade asiente. Ponemos nombre a aquello de lo que queremos más reconociendo lo ilusorio del asunto:

> “Solaparse en igualdad - Tomar ritmo liso más bajo que lo contenga - Darle una base melódica con arrastre - Tensión fondo de sonidos naturales reconocibles con distanciamiento - El paso del ritmo unísono a la textura - Sin zapatos - Respuesta flamenca a pies - Respuesta a cuerpo, también en suelo - Pasos flamencos que responda en contraste - Dar continuidad a los T - Entrar a flamenco en la sutileza con peso, donde normalmente me callaría - Trabajar la disminución a ritmo - Patrones uno detrás de otro...”

De lo que habrá de escribirse a lo que habrá de adherirse. Libre. Al menos presente.

En aquellas fotografías de descartes (las tres primeras del carrete) encuentra las grietas de lo supra-natural. Al azar de lo no establecido, creencias que operan a partir de la duda que posibilita su acto. Para que surja una burbuja alguien tiene que dejarse estafar y está claro que el mérito (no) es solo mío.

Es 1982. Durante el Festival de la Libre Expresión Sonora, organizado por el Aula de Música de la Universidad Complutense en el colegio mayor Elías Ahuja, un joven alucina. Piruetas a priori casuales llenas de meta- significados que se encuentran en Pamplona para caer en Cuenca. Hurta Cordel en la senda de la “emancipación” del arte.

Paradoja de la risa cósmica que baña la chufla con su potencial estético. No entiende de excelencias pero sabe que hay una distinción trascendental entre lo informal y lo no formal en la cual descansa todo Esto. Escucha!

Es un género. Un género!!! Puede ser no más que eso. Permítetelo. Por algo le ponemos nombre a las cosas.

La tarde se presenta larga. Una vez más la ausencia de Pedro. Una vez más "¿Qué es el Flamenco?" y "Lo Flamenco". La hija también sevillana de Eraso lanzando dardos al milagro gipuzcoano de la alter-institución mientras Imanol Murua les sonríe allá de los allares, donde lo instituyente se topa con la mediación y todas esas delgadas líneas. La Actomanía según Ferlosio y la desidia tras la amabilidad. Yaiza Hernández y Valcárcel Medina a la nueva remesa de curadores: "Lo dijimos pero nadie escuchaba". El "Keep it cutre", porque ya no hay quien pueda con esto.

Del auto-control y el intelecto. La lámpara del Sota sigue parpadeando mientras en la barra alguien jura y confiesa a la vez no haber pagado nunca por sexo. No visitar la Alhambra "por no molestar", no visitar la tumba de sus majestades "por no molestar", la cumbre, "por no molestar", Israel, Palestina, "por no molestar". Granada asiste.

Algún dispensador Hidroalcólico fruto del olvido en el que yace toda esperanza. Literalización o abstracción según convega en dimensiones convergentes. En Diputación me esperan para dar el parte y no va a haber quien escape a tal escrutinio. "Por favor no me hagas rellenar ese formulario". Todas las veces en que innovar es solo reaccionar a lo anterior. Devenir atado con el que compartimos variables aún en busca de un tiempo en oposición. Si pregunta por la periferia tirará de territorio en un centro de gravedad esparcido por vórticas elevaciones. Abandona la idea de cliché. No se puede descategorizar categorizando.

Tras las acusaciones de elitismo a toda expresión minoritaria que trata de habitar el más acá del producto caminan propósitos aún sin acomodar. Agentes bidireccionales en sociedades movedizas tecnológicamente fortificadas. Lugar de enunciado lumperizado por coordenadas siempre adscritas. Contrasentido de la existencia en el camino de Tarsis a Jerusalem y de Jerusalem a Tarsis.

Apostillan desde Olvera: "Mira si tengo talento / que de la pata de una araña / a sacao' un molino viento"

Las miradas fortuitas a una ventana entreabierta y los silencios que quedan entre lo afirmado. Sonar arábigo afortunadamente ineludible. Incluso Alan Lomax y Jeanette Bell ojipláticos ante la foto fija que se les ofrece concuerdan en que basta un rizoma para entender el fenómeno. Y sin embargo suena a lo que suena. Communio del ritual irreversible en la flecha del tiempo, autopoiesis creativa.

Caminito de las Mirris como única validación de la experiencia subjetiva. El Negro del Puerto custodia toda esa castellanía pero la sal derramada desde Cádiz no parece estar en venta. Autoría y anonimato dispuestos a torsiones discursivas dadas a calibrar la cima de la conversación. Propiedad de campo en moneda en curso.

Vísceras.

Isabel Do Diego

40 – 53

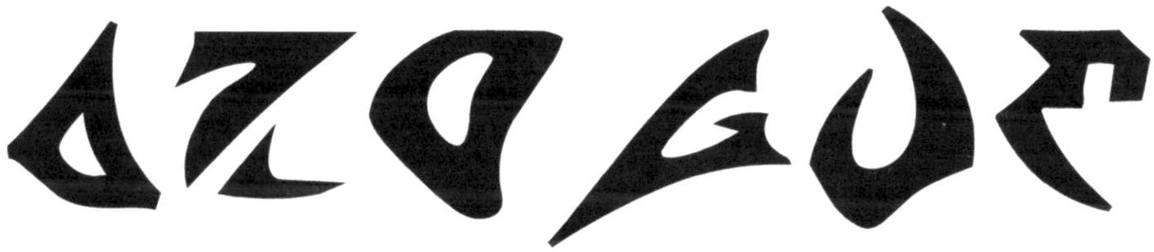

azogar

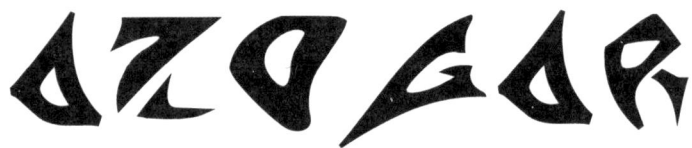

1. tr. Cubrir con azogue algo, como se hace con los cristales para que sirvan de espejos.

2. tr. Apagar la cal rociándola con agua, de modo que se deshaga sin formar lechada.

3. prnl. Contraer la enfermedad producida por la absorción de los vapores de azogue, cuyo síntoma más visible es un temblor continuado.

Sin.:
temblar, tiritar, estremecerse.

4. prnl. coloq. Turbarse y agitarse mucho.

Sin.:
agitarse, inquietarse, sobresaltarse.

Anhelo de ida y vuelta.

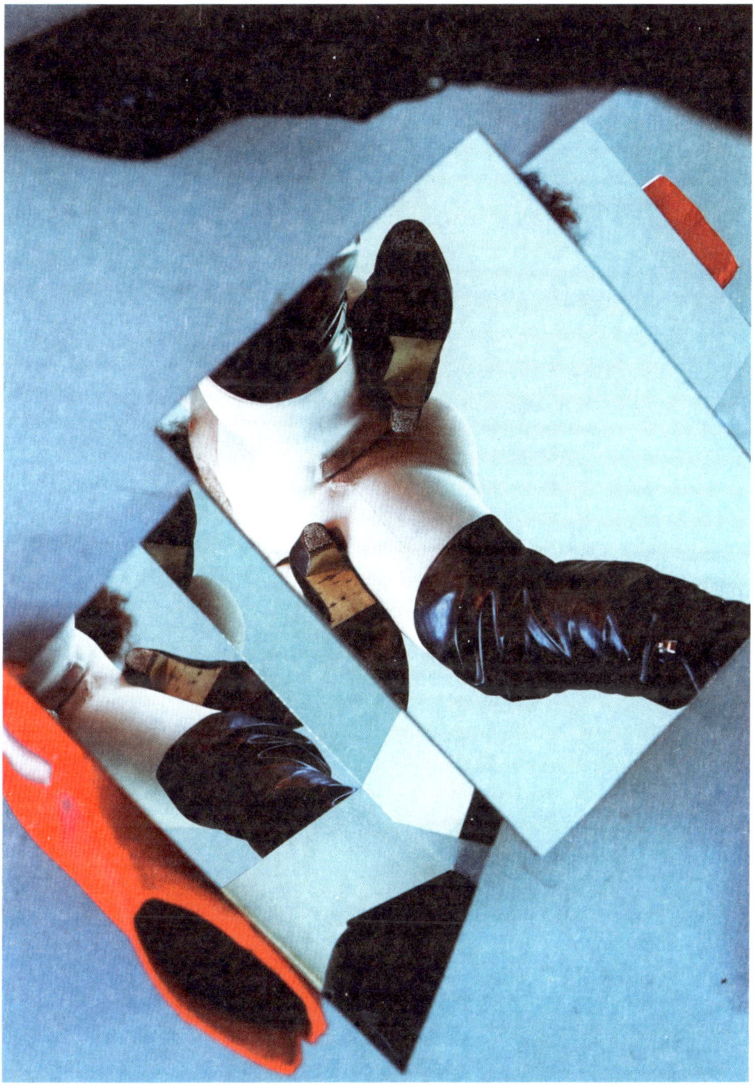

Fotografía realizada por Espinosa y Bronce.
Isabel De Diego en sesión de diálogo y trabajo con Sara Espinosa.
Vestuario y atrezzo realizado por Fábrica de Aceite.
Residencia de creación Los Tientos. Sala en Palacio del Almirante.
Septiembre - Octubre de 2023. Granada.

A quemarropa, la curva partida.

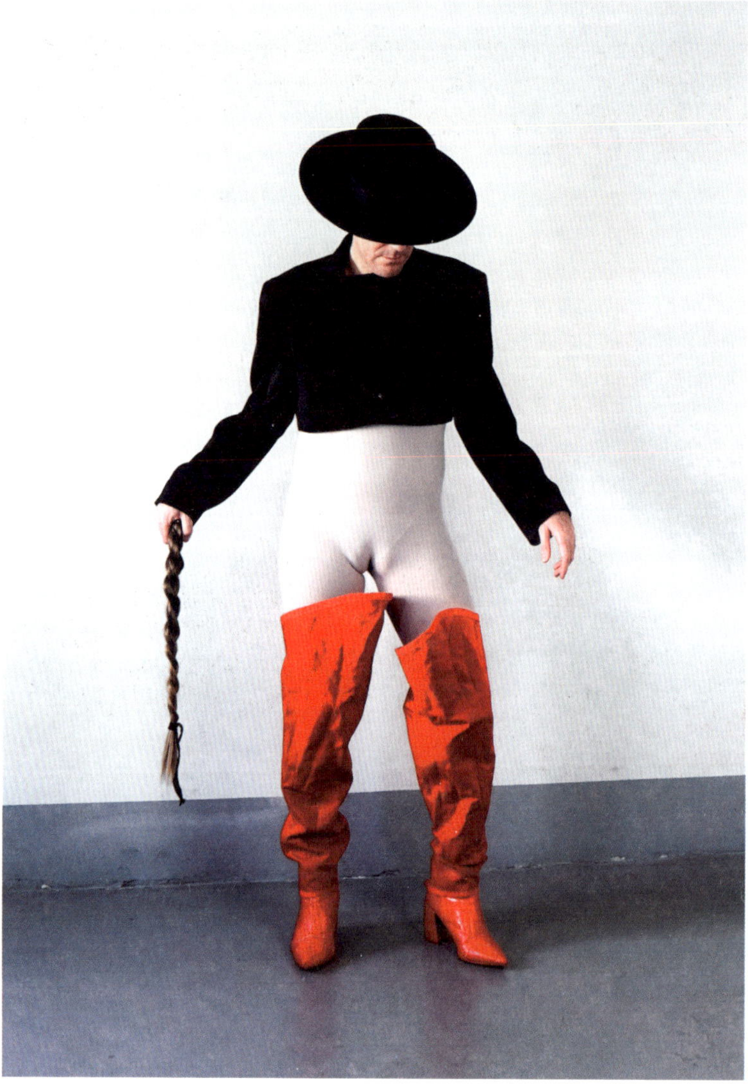

Fotografía realizada por Espinosa y Bronce.
Isabel Do Diego en sesión de diálogo y trabajo con Sara Espinosa.
Vestuario y atrezzo realizado por Fábrica de Aceite.
Sombrero por Sombrerería Rusi - Córdoba.
Residencia de creación Los Tientos. Sala en Palacio del Almirante.
Septiembre - Octubre de 2023. Granada.

A quemarropa, la curva unida.

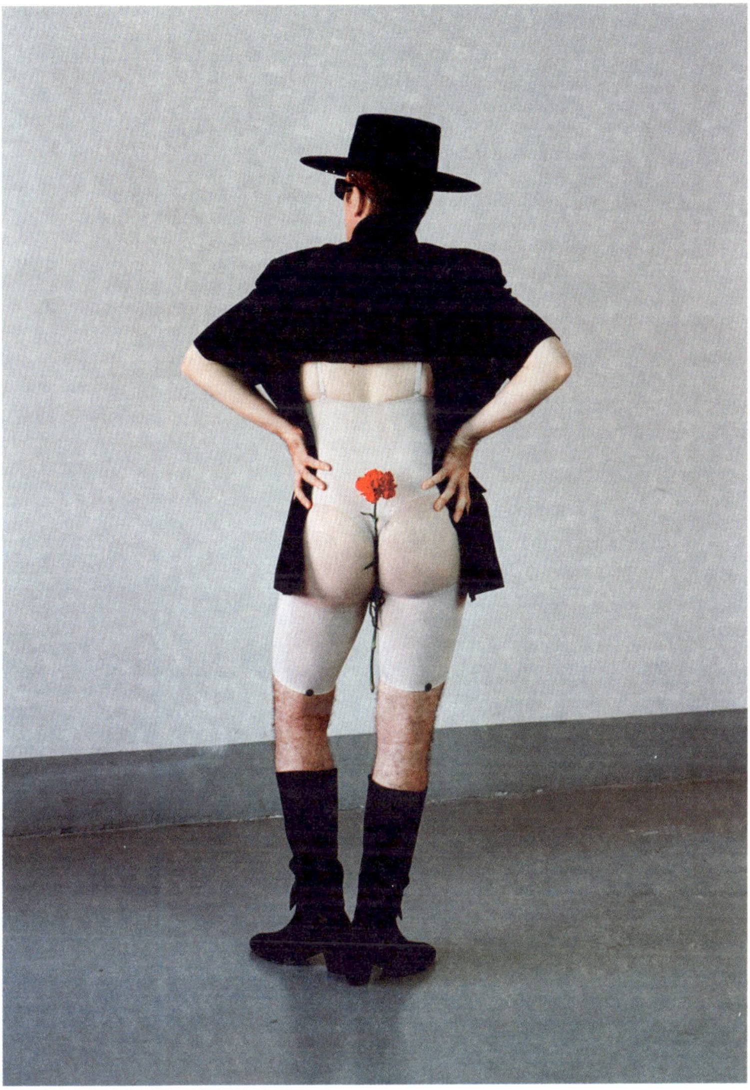

Fotografía realizada por Espinosa y Bronce.
Isabel Do Diego en sesión de diálogo y trabajo con Sara Espinosa.
Vestuario y atrezzo realizado por Fábrica de Aceite.
Sombrero por Sombrerería Rusi - Córdoba.
Residencia de creación Los Tientos. Sala en Palacio del Almirante.
Septiembre - Octubre de 2023. Granada.

RASGUEO AHOGADO

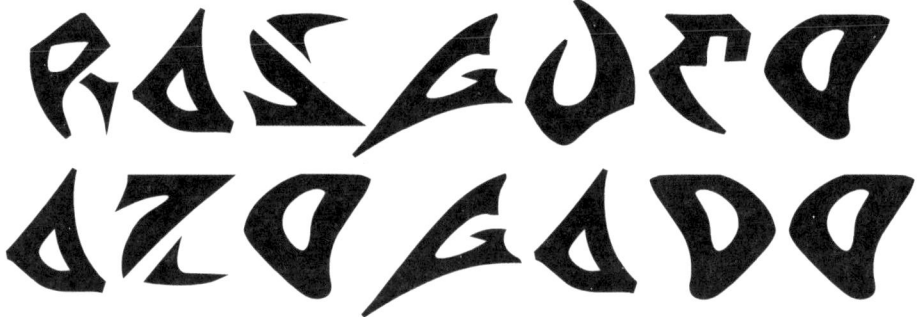

Pieza sonora 1

A cuatro patas, te bailo y te canto.

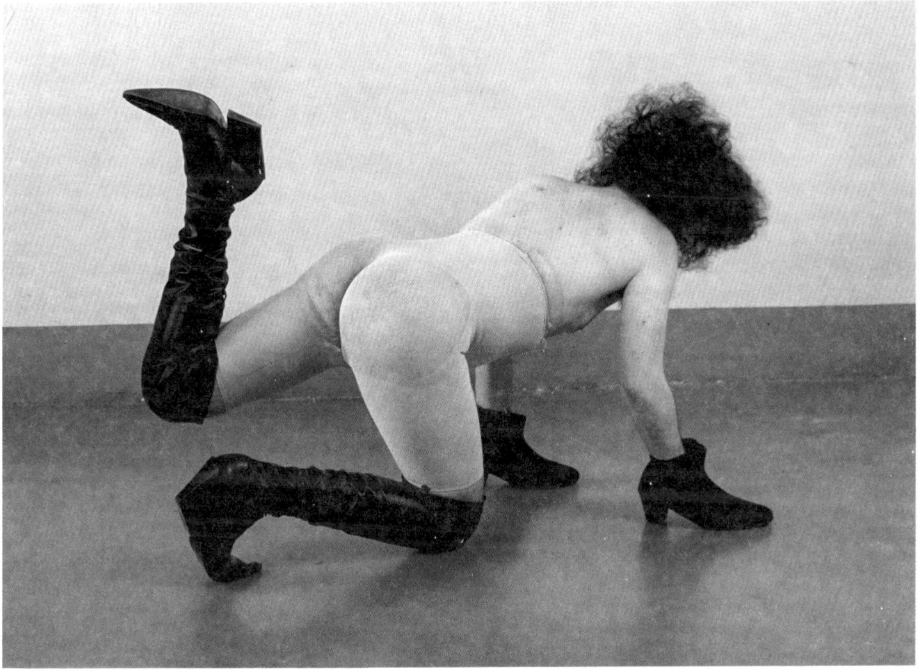

Fotografía realizada por Espinosa y Bronce.
Isabel Do Diego en sesión de diálogo y trabajo con Sara Espinosa.
Vestuario y atrezzo realizado por Fábrica de Aceite.
Residencia de creación Los Tientos. Sala en Palacio del Almirante.
Septiembre - Octubre de 2023. Granada.

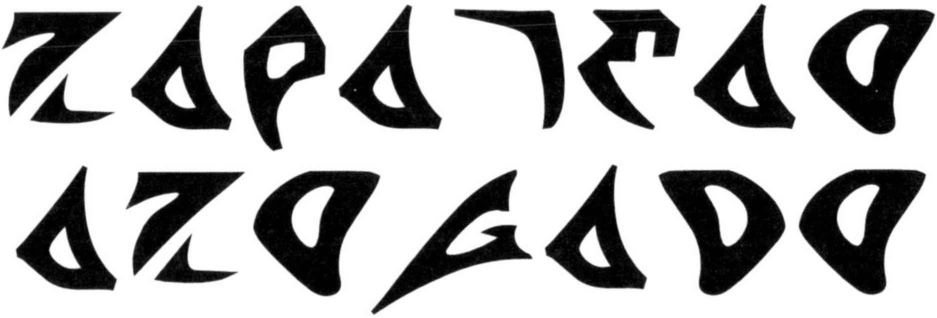

Pieza sonora 2

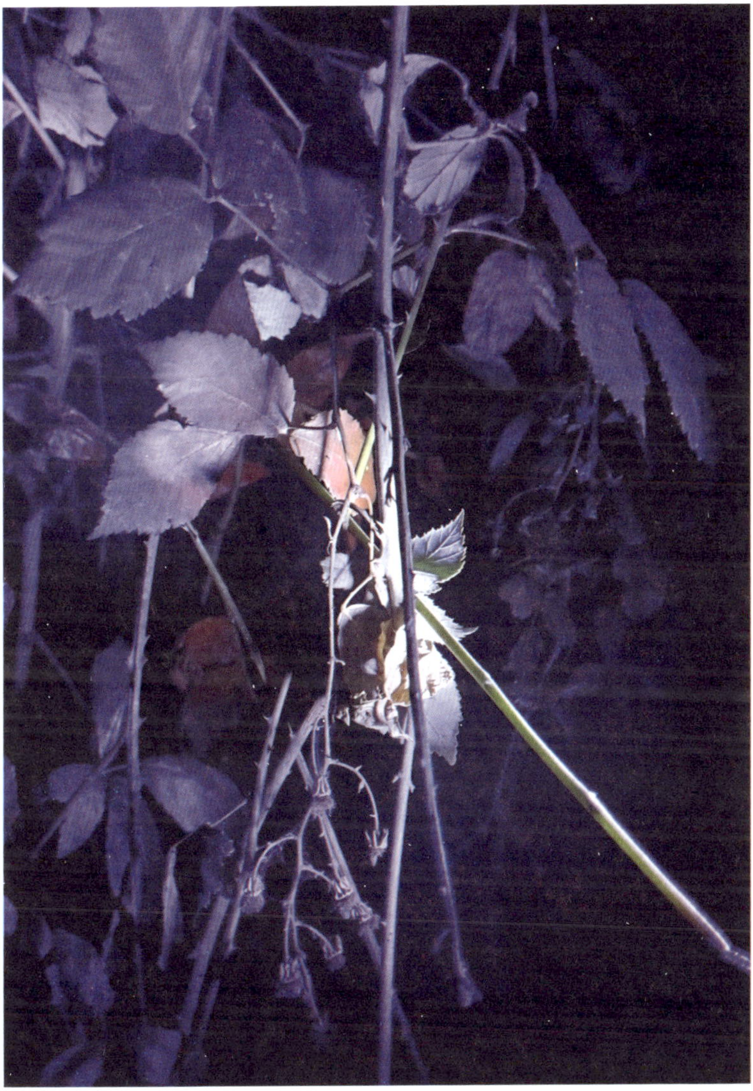

Fotografía realizada por Isabel Do Diego.
Paseo nocturno por los bosques del Albaicín dirigido por Paula Bruma.
Paula Bruma iba alumbrando diferentes paisajes con su linterna de luz ultravioleta.
Una luz que nos permitió asistir a misterios imposibles de percibir por el ojo humano.
Residencia de creación Los Tientos. Septiembre - Octubre de 2023. Granada.

Altar para un cante.

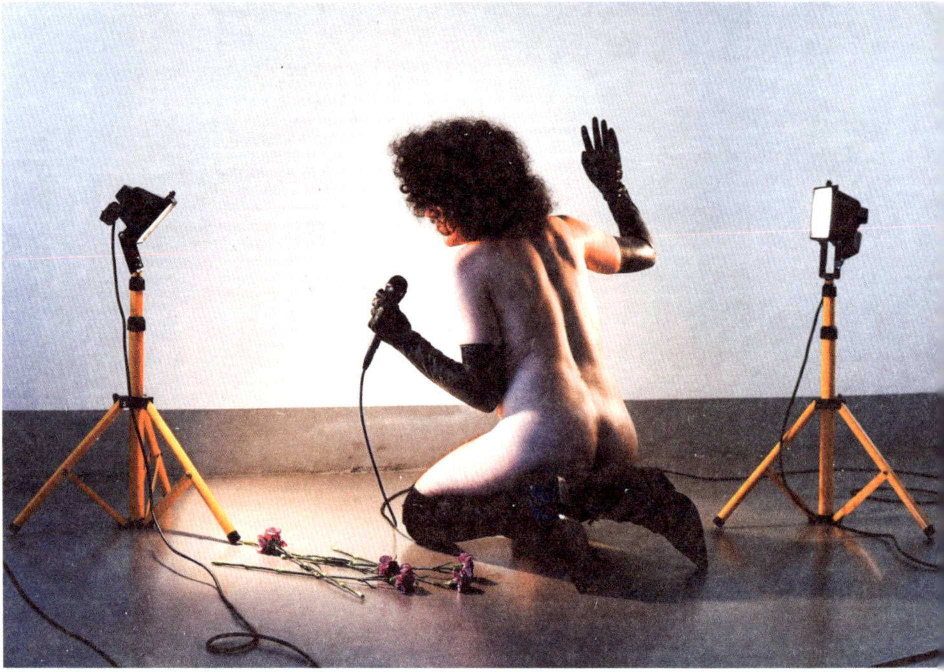

Fotografía realizada por Espinosa y Bronce.
Isabel Do Diego en sesión de diálogo y trabajo con Sara Espinosa.
Vestuario y atrezzo realizado por Fábrica de Aceite.
Residencia de creación Los Tientos. Sala en Palacio del Almirante.
Septiembre - Octubre de 2023. Granada.

Quejío azogado

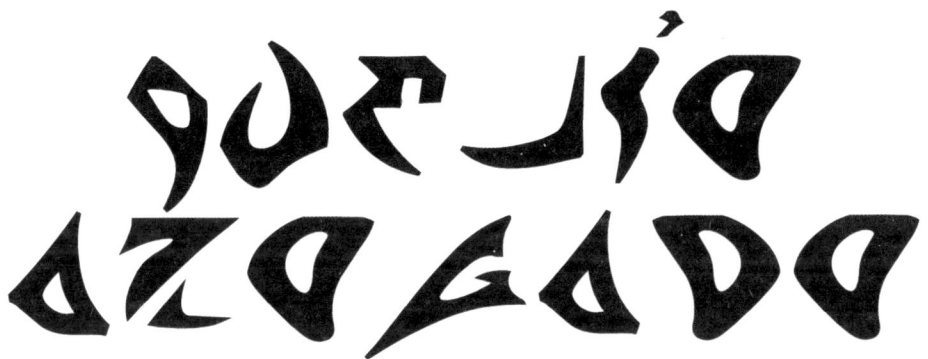

Pieza sonora 3

Gemidos periféricos.

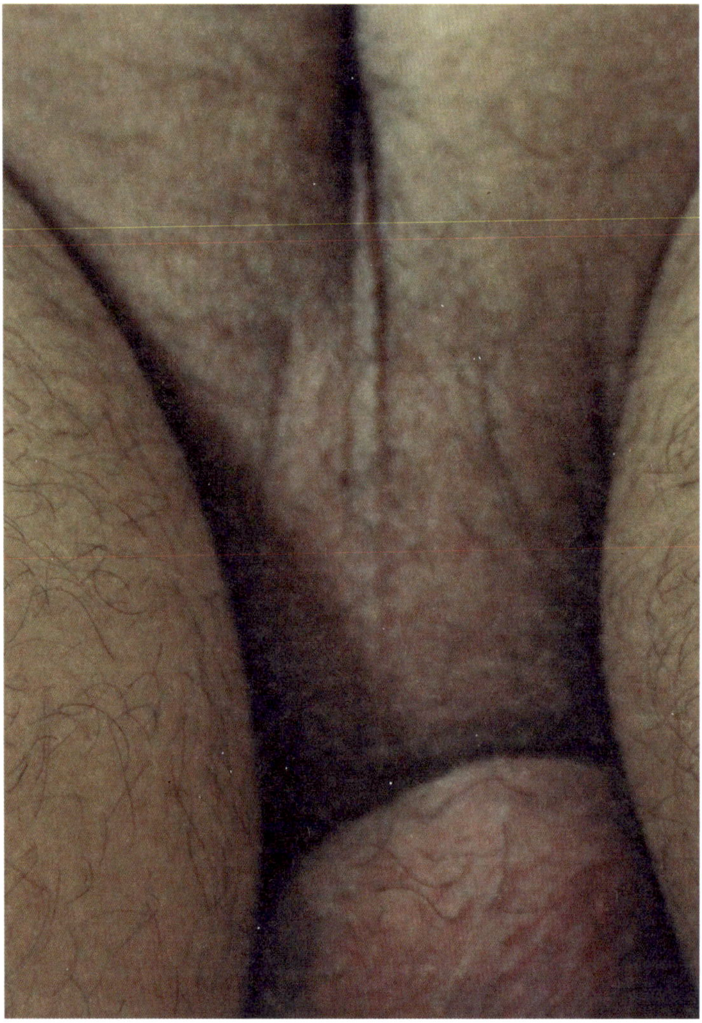

Fotografía realizada por Isabel Do Diego.

Sesión de dramaturgia del placer junto a Miguel (MMM). Sesión enfocada en al búsqueda de acentos y lenguas periféricas. Textos escritos a modo de frases cortas y directas, que durante al sesión, susurro la oído para que las repitan durante un tiempo. Aquí entra mi labor como artista sonoro que utiliza el cuerpo de otra persona para generar derivaciones vocales-textules. A través de los gemidos provocados por las prácticas sexuales que ejerzo en el cuerpo de dicha persona, la misma frase se musicaliza a través de los gemidos entrecortados y acompañados por la respiración o incluso gritos de placer. Un cuerpo que se transmuta en instrumento musical. Todo queda grabado para ser usado como material sonoro en el futuro próximo. A Miguel (MMM) lo conocí, de manera virtual, el último fin de semana de mi residencia artística en Granada. No pudimos encontrarnos físicamente por razones derivadas de la celebración procesional Magna del 14 de octubre de 2023. El encuentro presencial y sesión artística, descrita anteriormente, vino después.

Residencia de creación Los Tientos - expandida. Octubre de 2023. Málaga - Madrid.

Enrique
del Castillo

54 – 69

LOS TIENTOS

El proyecto desarrollado durante la residencia es un proceso experimental de combinación de palos flamencos en soporte de película de cine.

En los últimos tiempos he centrado mi trabajo en el uso de este soporte, el ceuloide o poliéster de 35 mm en diferentes direcciones.

Para la residencia "Los Tientos" he dirigido la investigación hacia la posibilidad de superponer ritmos de diferentes palos con igual número de compases. De manera específica, he escogido los palos de doce compases, como son: la seguirilla, la soleá, la guajira, el tango, la bulería y el fandango.

Al superponer los ritmos de dos palos obtenemos un tercer palo aberrante que conserva coherencia rítmica y de compás.

Partiendo de ese experimento y cambiando los golpes por acordes o notas se pueden obtener resultados combinatorios interesantes en los que a dos palos se le suman las notas de un tercero.

Sobre estos experimentos he querido sumar *samplers* de voces ralentizadas de saetas y martinetes que hacen alusión a las cadencias de cantos del folclore japonés.

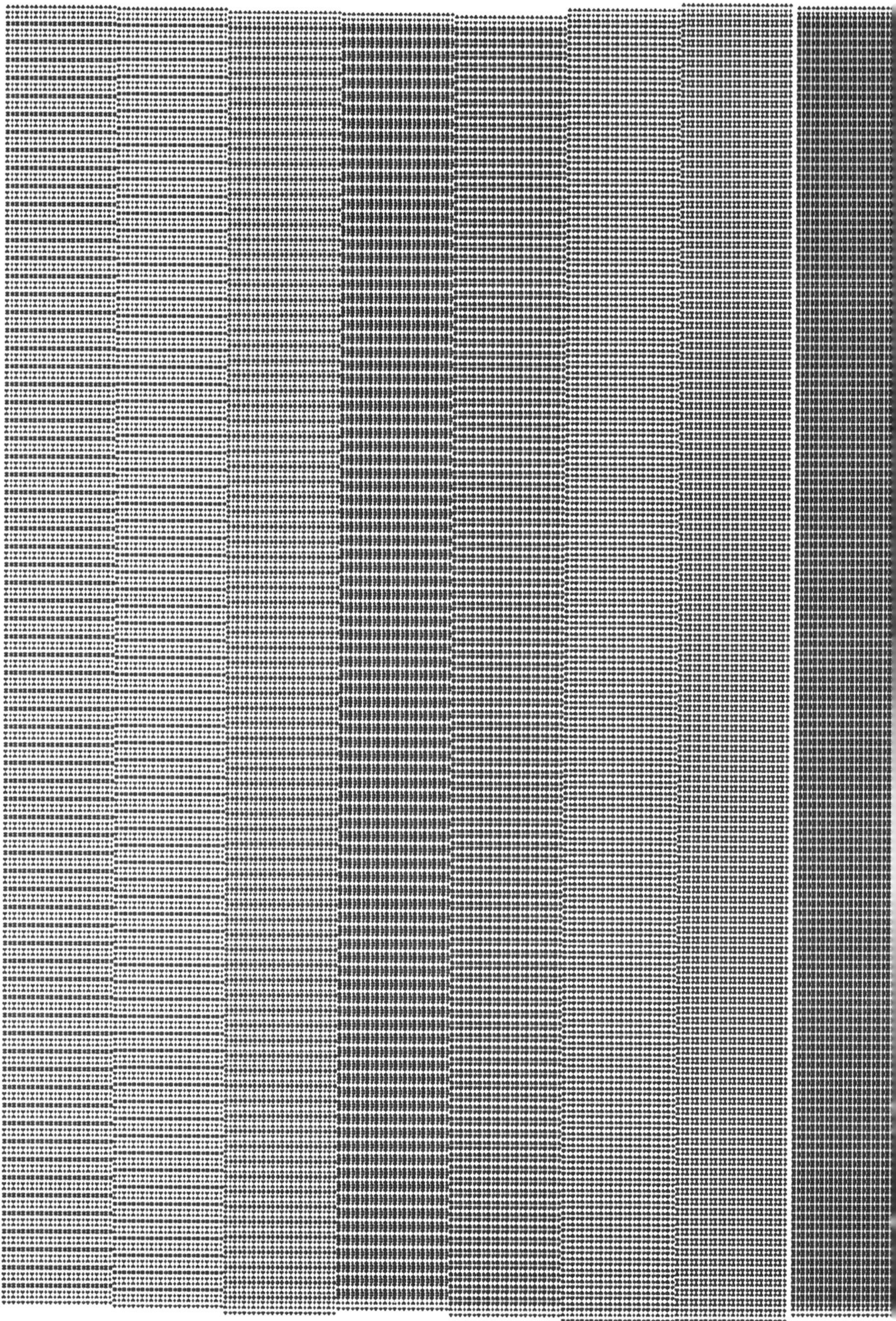

Juego de combinaciones de los palos Fandango Soleá, Buleria, Seguiriya y Guajira, con armonía en la cadencia andaluza.

El cambio de acordes lo rige el palo Seguiriya:

BLOQUE A, tiempo completo de 12 pasos, ACORDE DE LA MENOR

La voz 1 usa dos notas del acorde 1 (La menor), en concreto La 3ª y Mi 4º
La 3º – golpe
Mi 4º – silencio
Estas dos notas (que pueden ser dobles en forma de acorde) corresponden al golpe y el silencio del ritmo del palo elegido. En este caso es el Fandango

resulta así :

Fandango
(x = golpe, o = silencio)
x o o x o o x o o x o o (12 pasos)

(La 3º = golpe, Mi 4º = silencio)

x o o x o o x o o x o o
La3º Mi4º Mi4º – La3º Mi4º Mi4º ---La3º Mi4º Mi4º – La3º Mi4º Mi4º

La voz 2 usa otras dos notas del acorde 1 (La menor),
en concreto La 4º y Do/Mi 5º
La 4º – golpe
Do/Mi 5º – silencio
El palo será la Soleá

resulta así :

Soleá
(x = golpe, o = silencio)
o o x o o x o x o x o x (12 pasos)

(La 4º = golpe, Do/Mi 5ª = silencio)

o o x o o x o
Do/Mi 5º Do/Mi 5º La4º - Do/Mi 5º Do/Mi 5º La4º - Do/Mi 5º

x o x o x
La4º- Do/Mi 5º La4º- Do/Mi 5º La4º

En los siguientes esquemas vemos combinaciones de palos con letras y acordes de cantes folclóricos pre-flamencos. En este caso, de los verdiales

Ritmos - voz 2 segiriya + Guajira
voz 1 Buleria + solea

acordes - **MODO MIXOLIDIO**

1 - fa sostenido- sol sostenido- do sostenido- fa sostenido

2 - fasostenido-la-re-la

3 - sol si re sol

4 - mi la mi sol

5 - sol re sol re

la3º y do+mi4º Sol3 y si+mi 4º

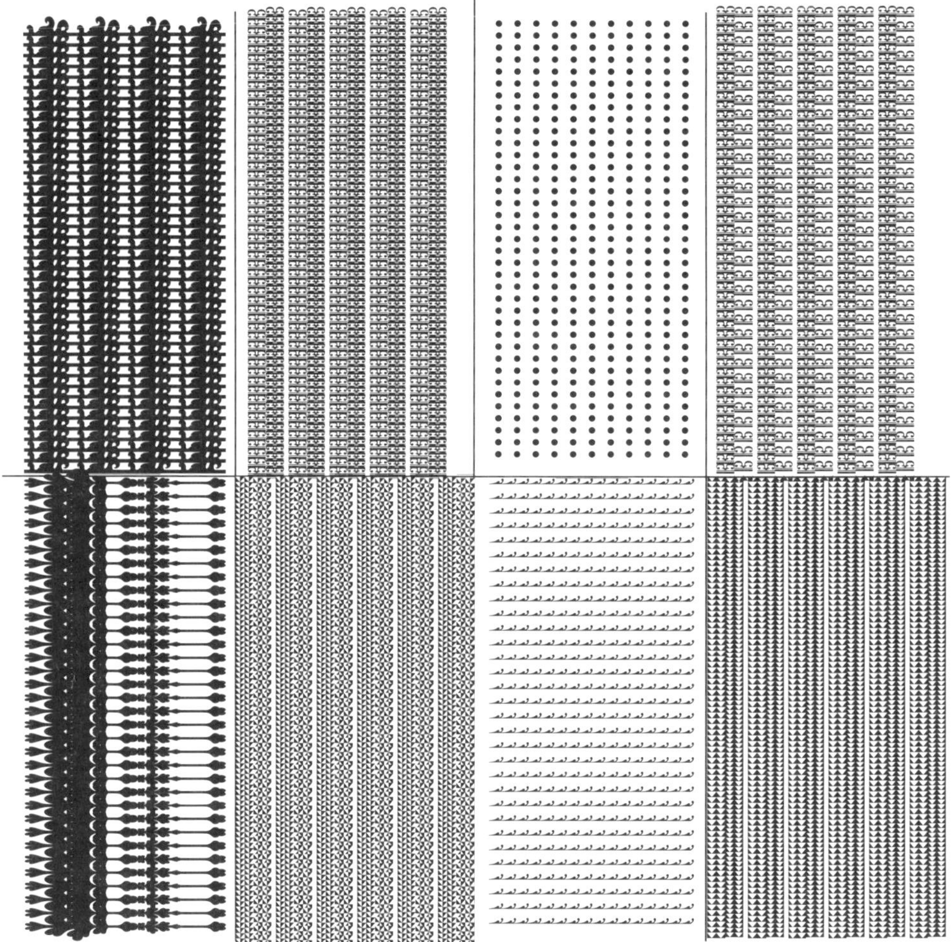

Fa3º y la+do4º Si33 y sol//+mi4º

re3º fa+la4º do3º mi+sol4º

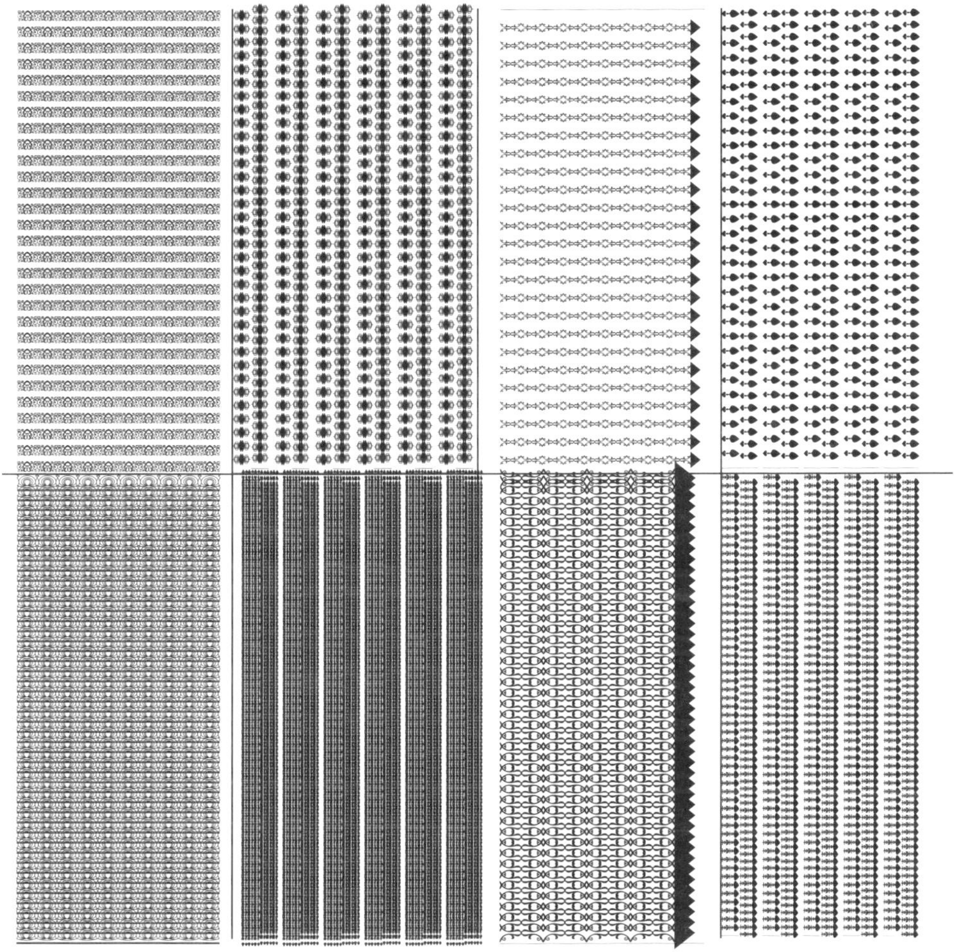

sib3º re+fa4º la3º do//+mi4º

PRIMERA LUCHA:

Que cuando me están mirando

(canta: Juanma Pino)

Tienes unos ojos, niña
que cuando me están mirando
una alegre simpatía
de mí se va apoderando
hasta quitarme la vida

La mantilla y la guitarra
(canta: Salvador Aguilar «el Ciego»)

Viva el fandango y las flores
la mantilla y la guitarra
Qué viva mi Andalucía
que es la tierra más gitana
que tiene la España mía

SEGUNDA LUCHA:

¡Ay! por ti me acuesto tarde

(canta: Salvador Aguilar «el Ciego»)

Por ti madrugo y trasnocho
y por ti me acuesto tarde
y por ti me dejo yo
el corazón el calle (bis)

Chiquilla, quisiera ser
(canta: Juanma Pino)

El aire que tú respiras
chiquilla, quisiera ser
y la fuente cristalina
donde tú vas a beber
y el espejo en que te miras

TERCERA LUCHA:

Me tienen sobre la arena
(canta: Francis «el Rubio»)

Las penitas de no verte
me tienen sobre la arena
¡ay! cuando yo no me he muerto
hay quien se muere de pena (bis)

En la fuente (d)el Almendral
(canta: Juanma Pino)

La guitarra está llorando
en la fuente (d)el Almendral
los ruiseñores cantando
una rosa colorá
y un clavel la está besando

CUARTA LUCHA:

En el carrillo derecho
(canta: Francis «el Rubio»)

Tiene mi morena, tiene
en el carrillo derecho
un lunar que a mí me tiene
los cinco sentidos puestos (bis)

Chiquilla, por tu querer
(canta: Salvador Aguilar «el Ciego»)

Llevo más pasitos daos,
chiquilla, por tu querer
que granos de trigo echa
la campiña de Jerez (bis)

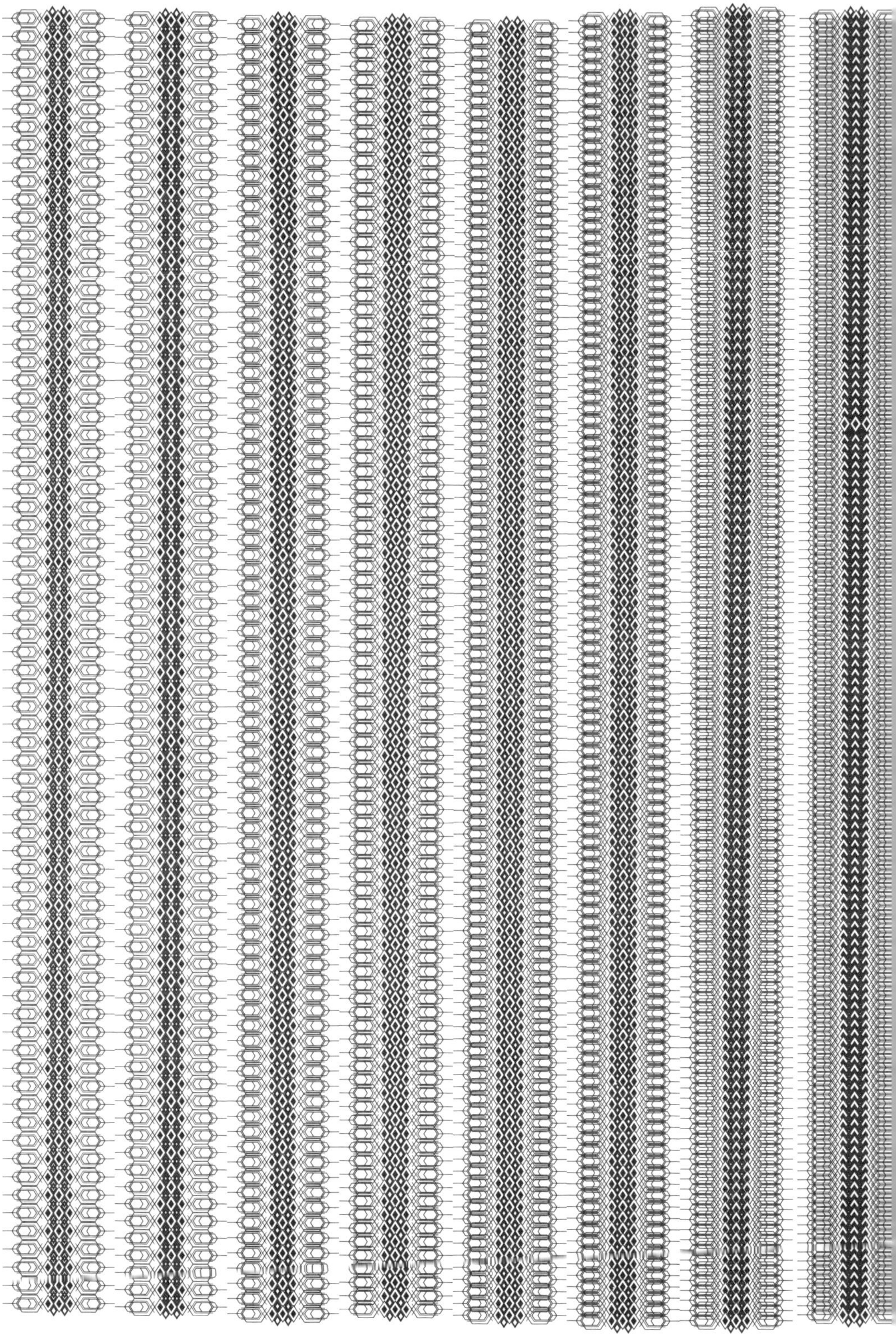

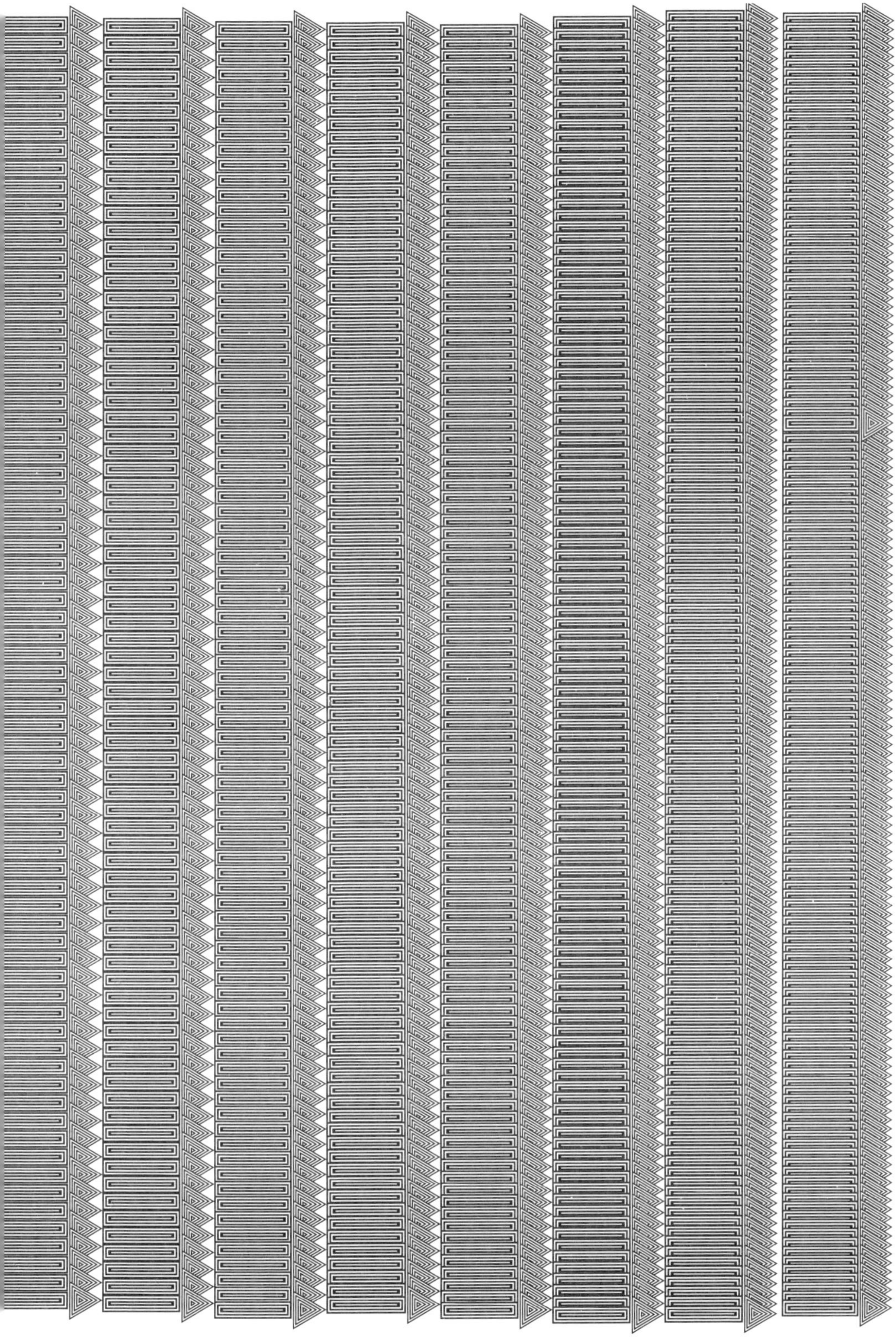

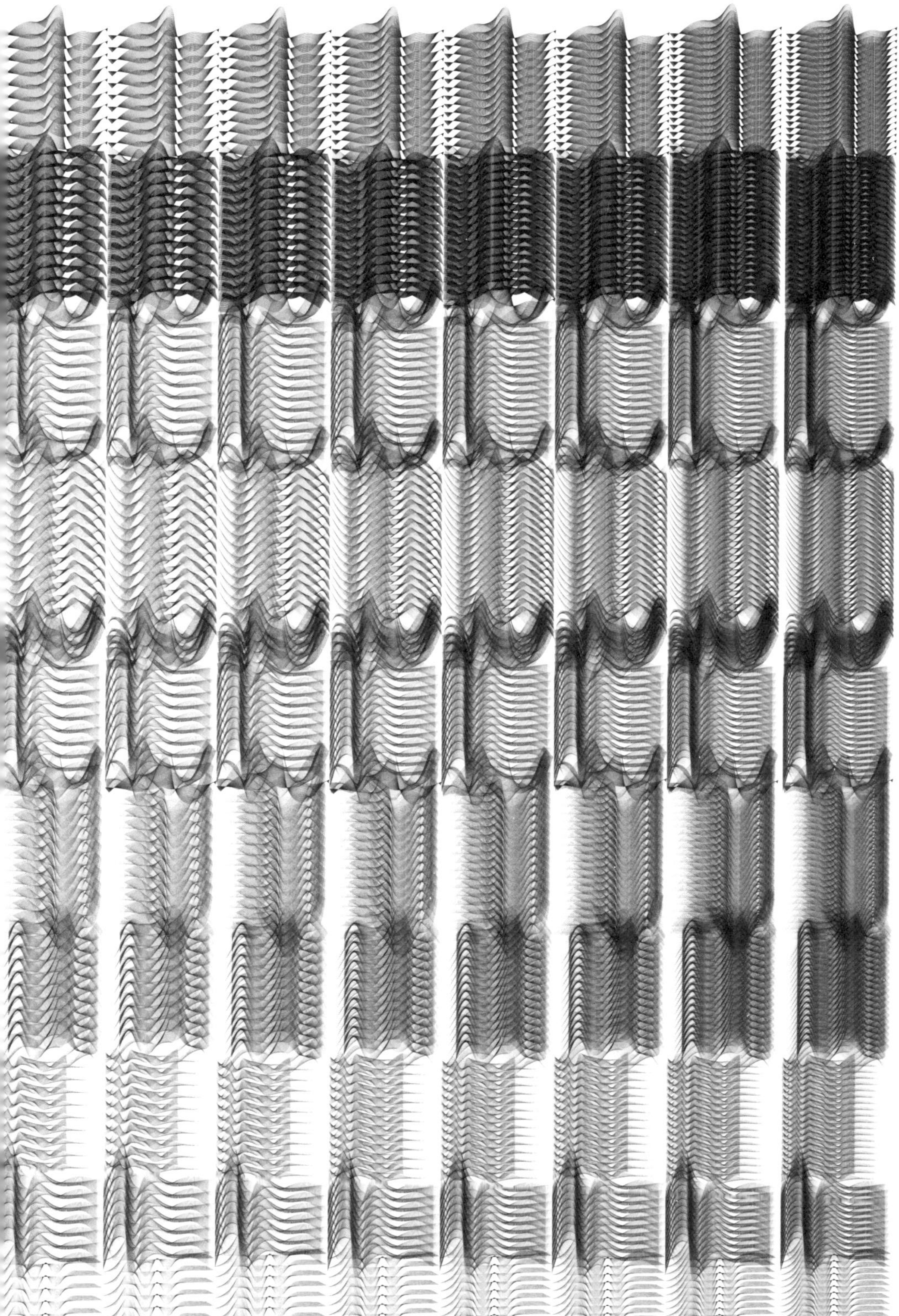

Miguel
Guerrero

70 – 97

Arquiflamencuras

Estas *Arquiflamencuras* registran gráficamente y de manera documental, algunas arquitecturas que el arte flamenco genera cuando ocurre, y además, muestran una propuesta arquitectónica situada en el Sacromonte granadino.

En esa parte documental enseño todo el trabajo recogido por mí mismo desde el inicio de la residencia artística de los Tientos (sept iembre de 2023) hasta la presentación y exposición de este trabajo (mayo de 2024), y por otra parte se muestra mi trabajo final de máster habilitante en Arquitectura por la Universidad de Alcalá de Henares, titulado Coser y Cantar: arquitectura y flamenco.

Todas estas *Arquiflamencuras* parten de esas arquitecturas que generan el arte flamenco como anunciaba anteriormente. Las artes pueden ser divididas en dos según si pasan o están. Las que pasan, las que solo son cuando acontecen en el tiempo son: la danza, la música, el teatro, la tauromaquia...etc. Las que están son las artes más materiales: la pintura, la escultura y la arquitectura. Evidentemente esas artes que pasan no pasan en un espacio etéreo y sin atributos, si no que toman lugar en un espacio determinado, en una arquitectura que se activa y se hace propia de ese arte. En este caso el flamenco y todos sus elementos: el compás, el cante, el baile, el toque, y los no necesariamente musicales, como las vestimentas o la decoración, generan espacios y atmósferas flamencas.

Cuando decimos esto de espacios flamencos se nos viene rápidamente a la mente un tablao o una zambra. Algo muy típico y estereotipado en nuestra mente permanece en nuestro imaginario no dejándonos ver que cualquier espacio puede ser activado por este arte y convertirse en flamenco. Decía

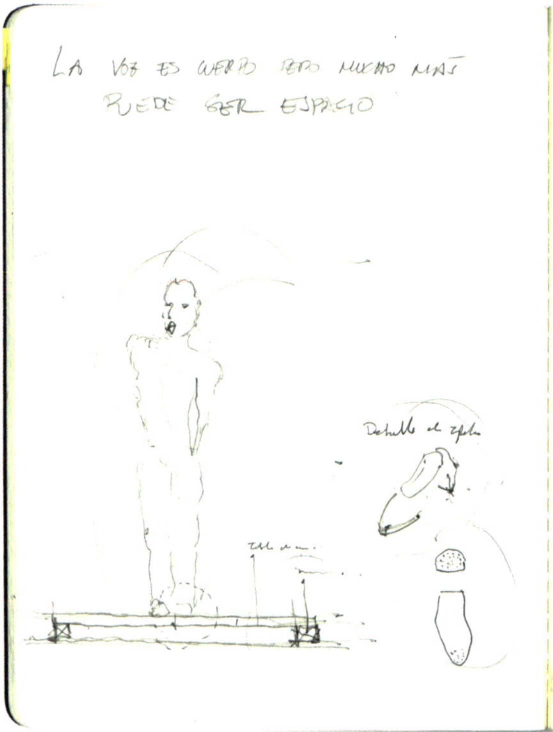
LA VOZ ES CUERPO PERO MUCHO MÁS
PUEDE SER ESPACIO
Detalle de zapato

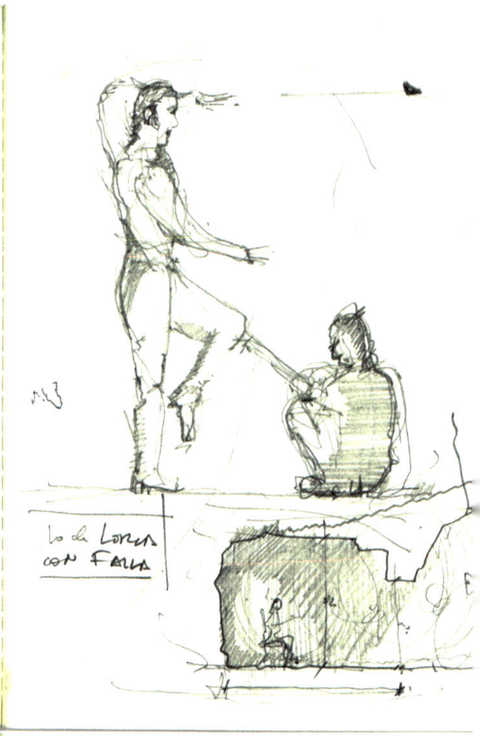
Lo de Lorca
con Falla

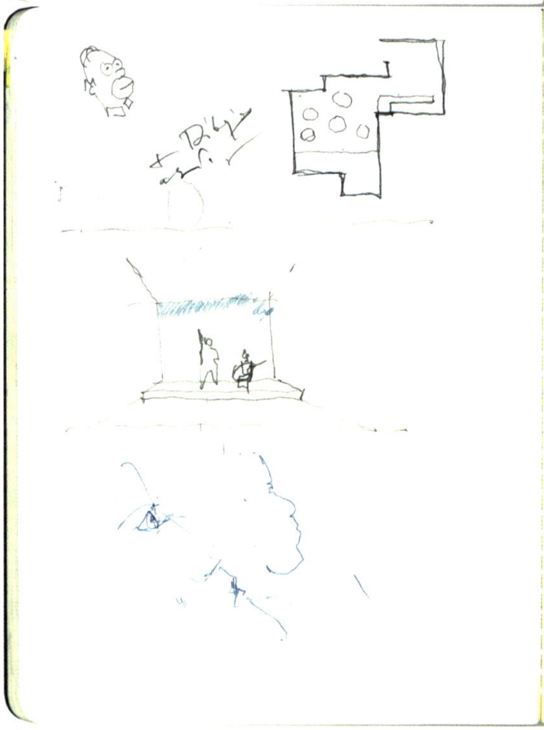

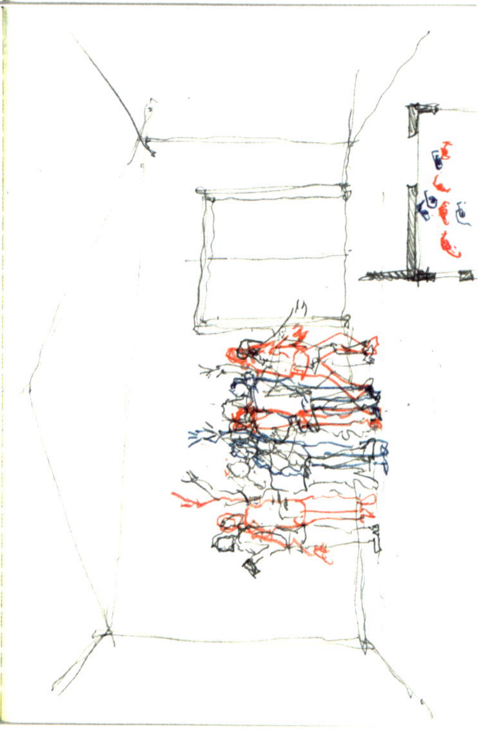

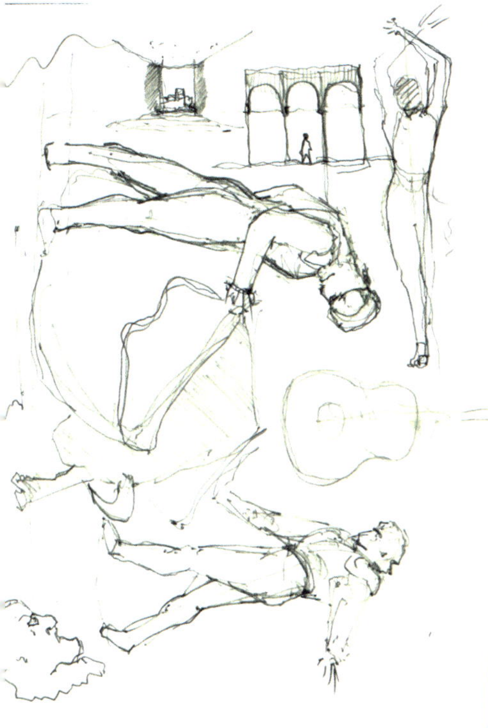

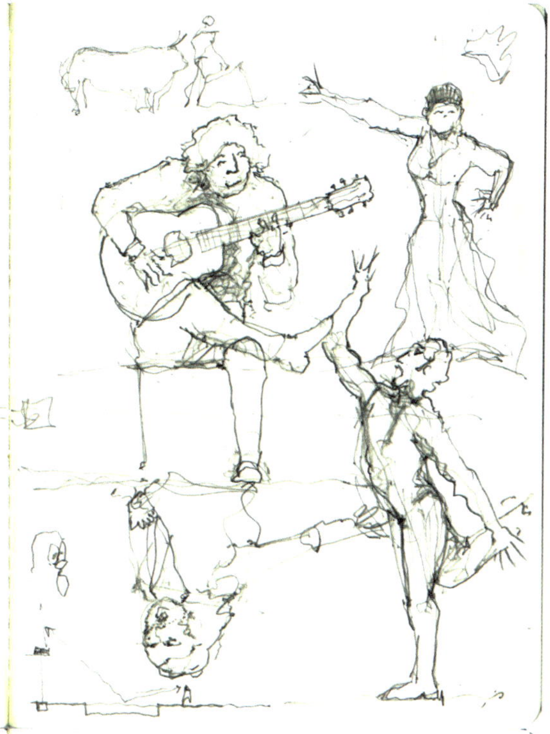

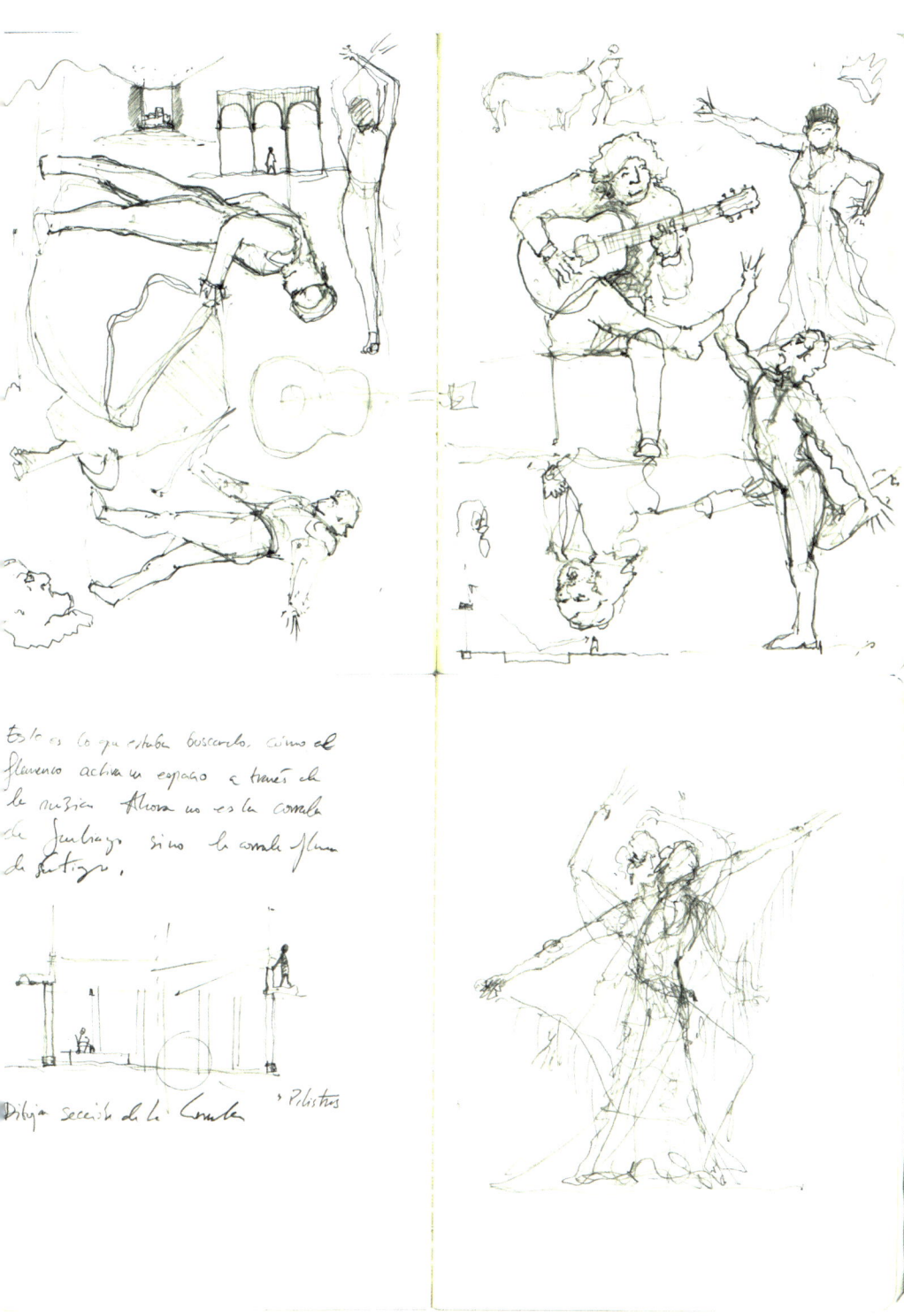

Esto es lo que estaba buscando, cómo el flamenco activa un espacio a través de la música. Ahora no es la corrala de Santiago sino la corrala flamenca de Santiago.

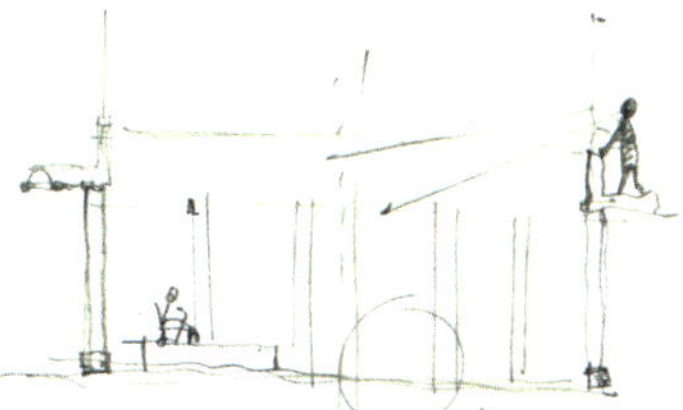

Dibujar sección de la Corrala

+ Pilistras

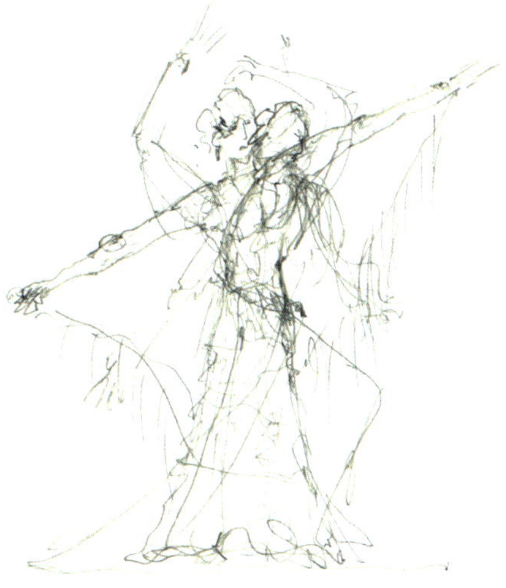

Josep Quetglas (2004) esto: "Quién danza inaugura un tiempo y un espacio propio, que solo dependen de su propio cuerpo, que tienen al danzante como origen y referencia de todas las medidas."

Ahondando en estas ideas y tentando los conceptos de escala, tamaño y todos los atributos que puedan definir una arquitectura concreta, nos encontramos que ya no solo el flamenco, si no cualquier arte que acontece puede activar una serie de arquitecturas en un gradiente de espacialidad. Dicho gradiente recorre de menor a mayor, o viceversa, distintos tipos de espacios con características únicas que lo hacen poder tener ese sobrenombre de espacio flamenco.

A continuación, se hará un repaso por tres ejemplos de escalas (podrían ser muchas más), de menor a mayor, espacialidad flamenca.

- Un individuo a la hora de cantar, bailar, tocar o marcar el compás en un espacio cualquiera, sin necesidad de haber público, automáticamente activa ese mismo espacio en flamenco. Ese espacio por ejemplo podría ser: un patio de vecinos, unas escaleras, un callejón, una fuente, una ducha, etc. Aquí recordamos la anécdota que contaba Lorca en su conferencia Arquitectura del cante jondo. Él mismo y Falla dando un paseo por Granada percibieron a dos personajes cantando y tocando dentro de un habitáculo, así describe el espacio: "Nos asomamos a la ventana y a través de las celosías verdes vimos una habitación blanca, aséptica, sin un cuadro, como una máquina de vivir del arquitecto Le Corbusier, y en ella dos hombres, uno con la guitarra y otro con su voz (...)". En este espacio tan limpio como describe Lorca se genera flamenco, podría haberse dado otra actividad, pero en ese preciso instante el espacio es flamenco.

- Progresivamente llegamos al espacio flamenco por excelencia, el tablao. El espectáculo flamenco por antonomasia se da en estas salas e incluso en cuevas como es el caso del Sacromonte en Granada. Este espectáculo se da con la finalidad de mostrarlo a un público concreto ya sean turistas o en un ambiente más «aficionao» como una peña flamenca. Estos lugares por lo general, tienen ya implícitos una serie de programas arquitectónicos y morfologías concretas. También se da una leve tecnificación de estos espacios incluyendo sencillos equipos de sonido, o no y colocando un tablao para los bailaores. Hay toda una suerte de elementos típicamente flamencos no musicales que hacen de ese espacio tal: sillas de enea, mesas camilla, el tablao, los zapatos de clavos para bailar, sartenes de cobre...etc.

- Finalmente, los espacios de mayor escala pueden llegar a ser flamencos. Una gran parte "purista" del mundo flamenco cree que allí se pierde la esencia, pero es gracias a llevar al flamenco a escenarios impensables lo que hace avanzar y agrandar esa frontera de lo flamenco. En el año 1975 el maestro Paco de Lucía dio el primer concierto flamenco de la historia en el Teatro Real de Madrid. Activando de manera flamenca uno de los espacios musicales y teatrales más ortodoxos en el mundo.

En esta primera parte de las *Arquiflamencuras*, en la parte documental se da cuenta de cuatro ejemplos de espacios flamencos que he tenido la oportunidad de probar, indagar, tentar para después escribir y dibujar sobre ellos.

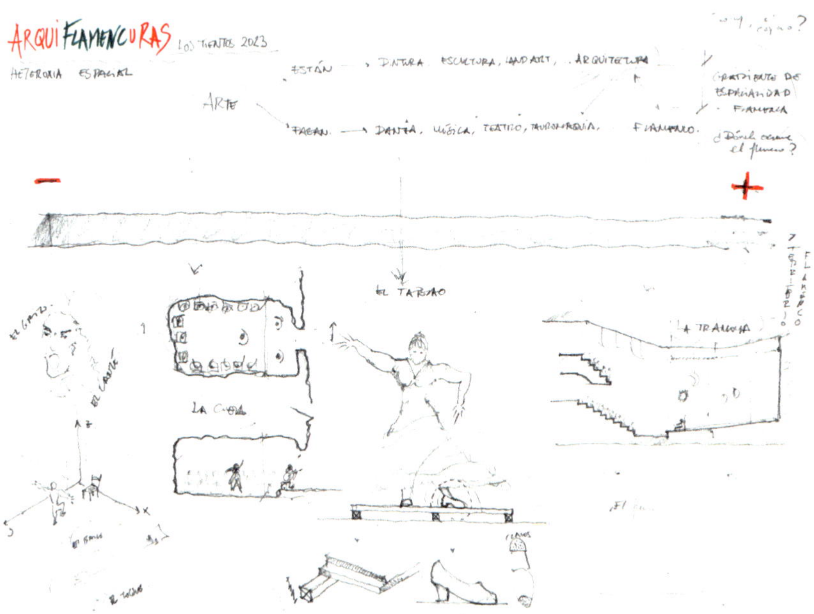

Ritmo y compás, generadores primigenios del espacio flamenco

«Un, DOS, un, dos, TRES, cuatro, cinco, SEIS, siete, OCHO, nueve, DIEZ y...», el compás, el ritmo, la medida, la mesura.

Ritmo:
1. m. Orden acompasado en la sucesión o acaecimiento de las cosas.

Compás:
6. m. Regla o medida de algunas cosas, como la vida, las acciones, etc.

Compás según Manuel Molina:
"El compás es una forma de andar, es una forma de hablar, una forma de besar, una forma de abrazar, eso es el compás."

Se suele decir aquello de que el principal activador del flamenco y de lo jondo es el grito. Ese grito a veces desgarrador, a veces alegre que nace del alma. No entraré a debatirlo, pero ¿qué sería del flamenco sin el compás, sin el ritmo? Cada palo flamenco tiene unos compases atribuidos, cada artista los ejecuta de una manera distinta, a una velocidad distinta. Al igual que con cualquier otra música el compás y el ritmo ordenan la música para que pueda ser escuchada y asimilada por nuestros oídos.

Es por ello por lo que considero el acto de marcar el compás como el activador más inicial del espacio flamenco. Esas palmas, esos golpes de nudillos, ese tacón de la bota en el suelo, ese caramelito en la boca. Esa forma de andar, de hablar, de besar, de abrazar, como decía el maestro Manuel Molina. Todo eso es el compás en el flamenco y además, hace que un espacio totalmente ajeno al flamenco comience a ser flamenco.

Recordamos aquí las palabras de Quetglas: «Quien danza inaugura un tiempo y un espacio propio, que solo dependen de su propio cuerpo, que tienen al danzante como origen y referencia de todas las medidas.»

En una de las fases iniciales de los Tientos nos visitó el artista multidisciplinar Julio Jara, y pude observar junto a él cómo en una esquina de la plaza de San Gregorio en pleno Albaycín hicimos de esa plaza un espacio flamenco. El día de la visita, de camino a la Casa de Porras nos encontramos a un artista callejero que conocían Sara y Sasha. Julio le instó a empezar a tocar la guitarra al compás de sus palmas, él empezó, yo le seguí (a las palmas) y Julio comenzó a cantar.

Ese simple gesto de inicio del compás con las palmas transformó una de las plazas más turísticas del Albaycín, donde comienza Caldererería Nueva con todas sus pintorescas tiendas y donde cada Jueves Santo pasa la Aurora en una plaza flamenca, en un espacio flamenco.

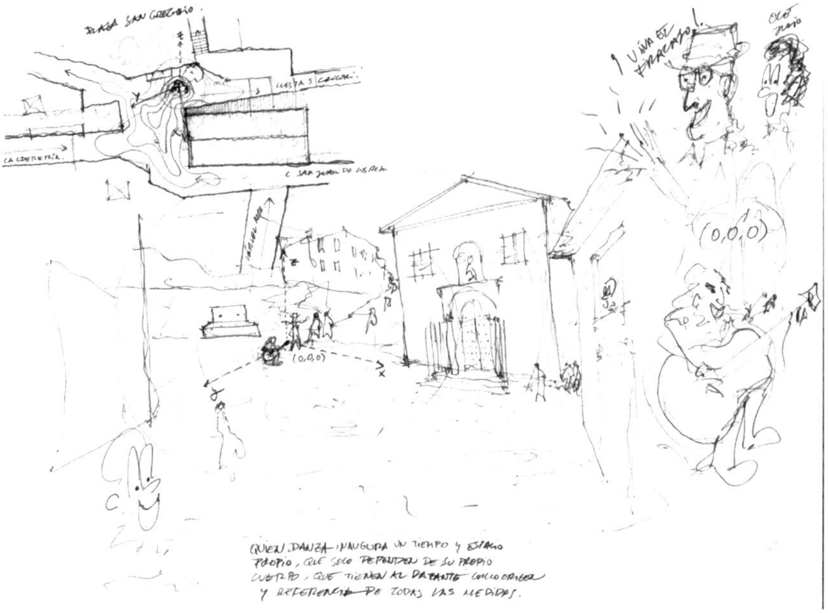
PLAZA SAN GREGORIO
CALDERERÍA
(0,0,0)
(0,0,0)
QUIEN DANZA INAUGURA UN TIEMPO Y ESPACIO PROPIO, QUE SOLO DEPENDEN DE SU PROPIO CUERPO, QUE TIENEN AL DANZANTE COMO ORIGEN Y REFERENCIA DE TODAS LAS MEDIDAS.

Cueva de la Faraona

Dislate, improvisación, penas y alegrías que nacen desde el mismo corazón de la tierra y quieren escapar.

Decía Carlos Saura aquello de que el flamenco comparte cielo y tierra, y es cierto. Concretamente en Granada, y más en el Sacromonte se ve ese origen del flamenco en la tierra. Las cuevas del Sacromonte escenografían en el imaginario popular lo primigenio del flamenco y de lo jondo.

Esos cantos primitivos del flamenco parecen nacer desde lo más profundo y lo más jondo de la tierra. Y, no es que parezca que nacen ahí, es que realmente lo hacen. La propia tipología troglodítica se encarga de crear una atmósfera propia para el flamenco. La acústica que se crea en las cuevas excavadas por el hombre es muy distinta a la que podamos tener en un tablao al uso o en un teatro. Cuando se está en una cueva se siente el cante, el toque y el baile en el pecho. El sonido no se disipa se queda dentro de ti, a veces da la sensación de que uno está cantando cuando solo está escuchando.

En una de las salidas que hice durante la residencia de los Tientos, tuve la oportunidad de acompañar a mis queridas Sasha y Sara a la cueva de la Faraona en pleno camino del Sacromonte. Eran días de tertulia, días de entre semana, para no contaminar al «aficionao» con personajes foráneos. Eran noches de improvisación, fusión, mezcla de gentes, de instrumentos ajenos al flamenco; recuerdo una noche ver a un cuarteto de cuerda allí mismo. Ratitos de juerga y de risas, muchas risas. En esas pocas salidas pude comprobar en mis propias carnes como, en efecto, el flamenco nace de la misma tierra, y trata de escapar agobiado por las pocas oquedades que dan al exterior de la cueva. Comprobé que el flamenco activa la cueva haciendo de ella su morada primigenia.

CUEVA DE LA FARAONA

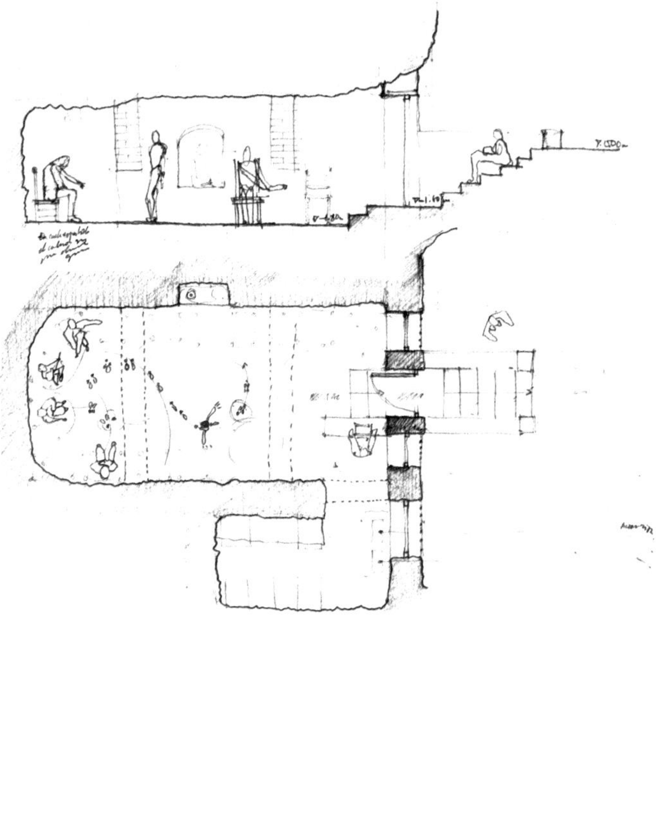

Corrala de Santiago

Flamenco habitado y vivido.

Corrala:
1.f. En Madrid especialmente, casa de vecindad antigua constituida por viviendas de reducidas dimensiones a las que se accede por puertas situadas en galerías o corredores que dan a un gran patio interior.

El flamenco es una música que nace del folclore popular y, como tal, uno de los lugares donde más se puede dar es en las propias viviendas de los flamencos, como por ejemplo una corrala de vecinos. La arquitectura de estos lugares suele ser popular también, no la firman grandes arquitectos, y a priori no parecen grandes avances tecnológicos. Estas arquitecturas sin arquitecto son el resultado de años y años de prueba y error, de espacios y sistemas constructivos que han fallado y se han mejorado a través del tiempo.

Las corralas de vecinos son una tipología residencial muy común en nuestro país, provienen directamente de las casas patio. Son viviendas de carácter precario y siempre habitadas por los sectores sociales más desfavorecidos. El propio sistema constructivo y los materiales utilizados para la construcción de estos edificios son humildes y pobres, como lo es el entramado de madera. El entramado de madera es un sistema constructivo basado en estructuras formadas por perfiles de madera de pequeñas dimensiones y paramentos horizontales y verticales conformados por ladrillos, yeso o cascotes.

Al igual que el flamenco, este sistema constructivo ha llegado hasta nuestros días de boca en boca a través de la sabiduría popular. Si bien no sabemos quién o quiénes inventaron esta práctica, tampoco conocemos a ciencia cierta el del flamenco.

La mitad de los integrantes de los Tientos nos alojábamos en la Corrala de Santiago, en pleno Realejo granadino. Actualmente, es una residencia universitaria para los invitados de la UGR. Evidentemente no pudimos ver escenificada una escena cotidiana y costumbrista del siglo XIX, no vimos a un majo cortejando a una maja por el patio de luces, pero sí disfrutamos de varios recitales de cante y baile en nuestra estancia allí. De nuevo el flamenco hizo del patio de la corrala un espacio flamenco. Lo que en su origen fue y que, actualmente, no siempre es.

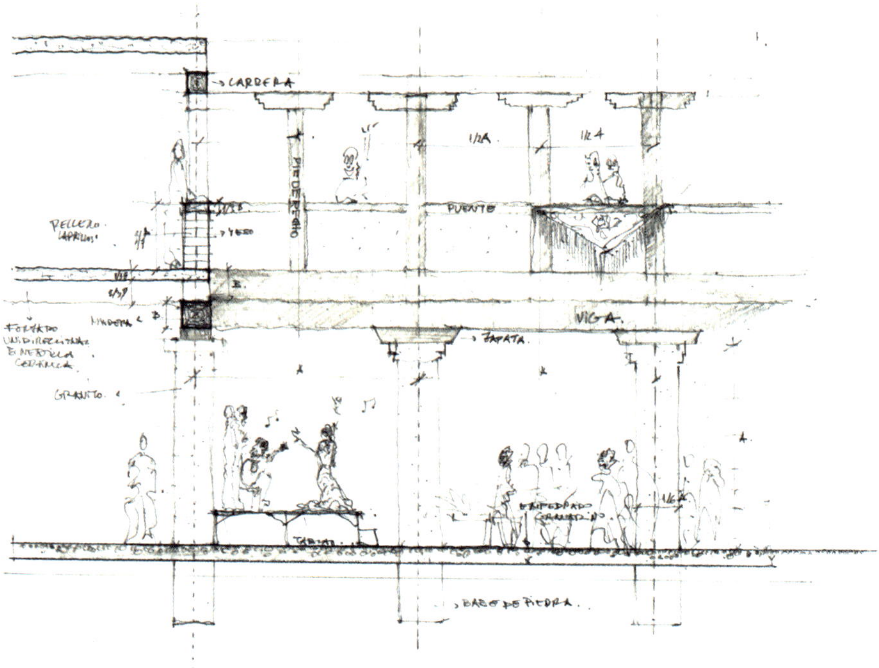

CARRERA
PUENTE
1/2A
VIGA
ZAPATA
GRANITO

Peña Torres Macarena

Templo, escuela y «enemigos de la megafonía»

Dadas mis circunstancias personales, actualmente vivo en Sevilla. Desde entonces, he podido observar bien de cerca una de las tipologías de espacios flamencos más ortodoxos, la peña. Concretamente he tenido la oportunidad de poder visitar asiduamente la peña flamenca Torres Macarena.

Esta peña sitúa su sede actual desde hace cuarenta y ocho años en una antigua casa de vecinos y taller de reparación de automóviles de la calle Torrijano, cerquísima de la basílica de la Macarena. Es uno de los espacios musicales más especiales en los que he podido disfrutar del arte flamenco. Se consagra cada semana como lo que es, un templo del flamenco, acuden cada semana aficionados y curiosos a disfrutar de los mejores artistas del panorama actual flamenco. Sus cincuenta años de existencia lo avalan fielmente.

No es que vayan allí solo los artistas más grandes y laureados, sino que también se hace escuela, porque les brinda una oportunidad a las jóvenes promesas de este arte de poder mostrar su potencial y poder promocionarse. Torres Macarena es toda una escuela, que ya tiene más tablas que Moisés.

Una de las características que más me fascinan sin lugar a duda es la ausencia del equipo de sonido. Los socios se proclaman «enemigos de la megafonía». Dicen que el espectáculo flamenco es en total directo o no es, también dicen humildemente que al no haber equipo nunca hay problemas técnicos ni «del directo». Aquí, al igual que en una corrida de toros, todo es de verdad. Todo el arte que escuchas y sientes es en vivo, nunca mejor dicho. Flamenco en vivo.

Podría parecer que el edificio se proyectó inicialmente flamenco. Pero es justo al revés. El flamenco durante esos casi cincuenta años, ha ido imponiendo su ley, sus necesidades, su morfología específica, y los socios han ido ejecutando esos cambios hasta transformar esa antigua casa en una peña flamenca.

Peña Torres Macarena

14/02

• Templo, escuela y "enemigos de la [illegible]"

Vicepresidenta

Carmela

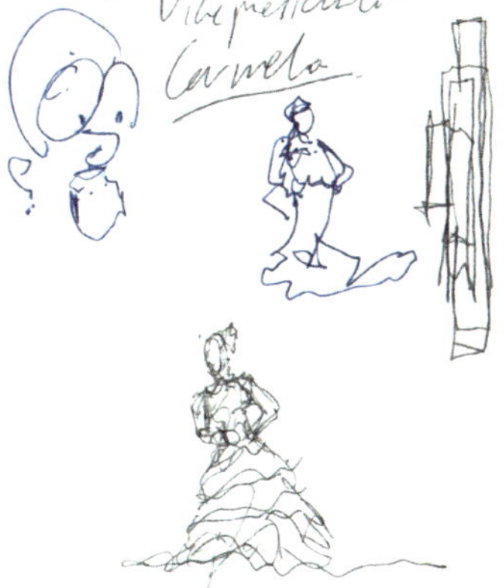

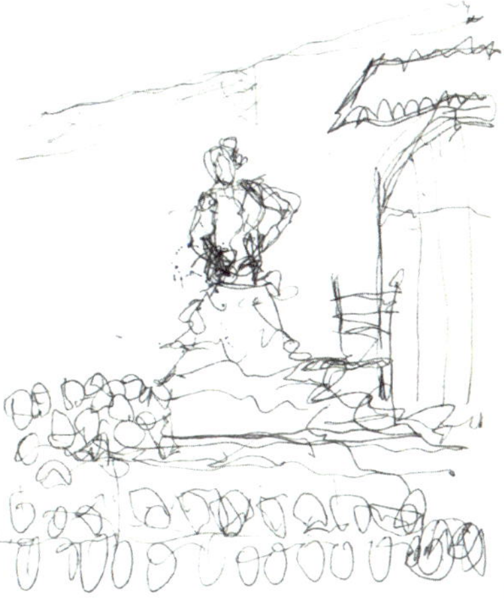

Coser y Cantar. Arquitectura y Flamenco

Arquiflamencuras propositivas

De aquellos lodos vienen estos barros, o en realidad, fue al revés. Antes de embarcarme en esta aventura de los Tientos, estaba tentando sin yo saberlo. Aquí en esta parte vengo a mostrar la parte propositiva de las *Arquiflamencuras*, mi propuesta para el CIDAF (Centro de Interpretación y Documentación del Arte Flamenco). Coser y Cantar. Arquitectura y Flamenco.

Coser y Cantar es un proyecto que pretende coser los tejidos inconexos que forman el barrio del Sacromonte y su comunicación con Granada. El hilo conductor de este patrón de costura es, indudablemente, el elemento inmaterial que más define al barrio: el flamenco.

El proyecto cuenta con dos partes fundamentales: coser y cantar. En la primera, se hallan todas las intervenciones infraestructurales que necesita el barrio: sendas y caminos añadidos a los ya existentes, pasarelas y torres que conectan las brechas de accesibilidad y circulación que allí se encuentran. La parte de cantar le corresponde al nuevo CIDAF de Granada. Este centro de investigación y documentación del arte flamenco se da en tres partes a cada cual más restrictiva en su programa. El pegamento de unión entre las distintas partes del cantar, así como las infraestructuras del coser, son los lunares de encuentro. Estas pequeñas intervenciones pueblan la zona de actuación ofreciendo nuevos puntos de reunión al barrio.

Toda la arquitectura que engloba este proyecto se caracteriza por la mezcla y la heterodoxia, propias del carácter flamenco y musical de la ciudad de Granada.

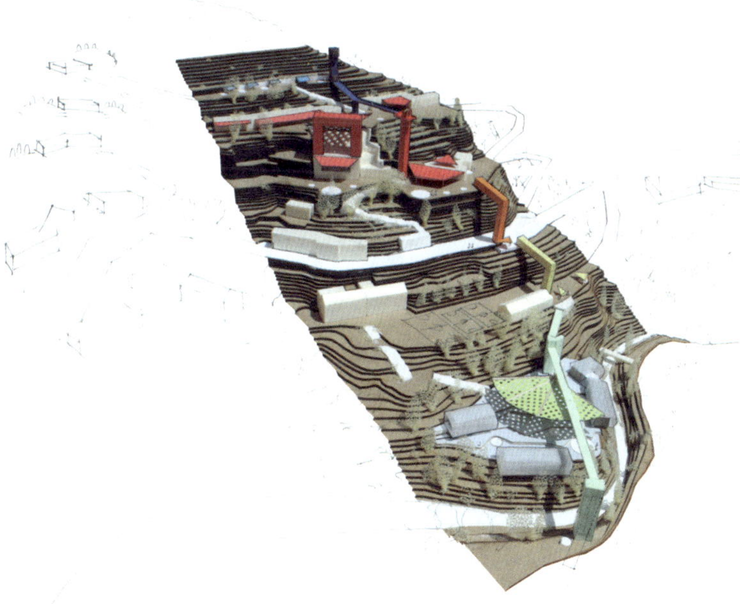

A continuación, transitaremos por el proyecto, centrándonos en la parte de cantar, que alberga el CIDAF. El programa de este centro fue sacado del concurso arquitectónico que se hizo a principios de los 2000 en Jerez de la Frontera para la construcción de la entonces llamada Ciudad del Flamenco. El concurso lo ganaron los arquitectos suizos Herzog & de Meuron, pero nunca se llegó a construir.

Flamencodrómo.

En la parte más baja del barrio, en la ribera del Darro, justo en uno de los pocos claros del bosque se encuentra el *Flamencódromo* que alberga el programa más permeable del CIDAF: dirección y administración, biblioteca, fonoteca y pabellón de exposiciones. Una serie de módulos ligeros se posan sobre los bancos que aterrazan la gran plaza del *Flamencódromo*. En esos módulos se insertan los usos anteriormente descritos. La plaza creada queda abierta al barrio y al flamenco por dos elementos característicos: los lunares de encuentro y un abanico bioclimático.

Los lunares de encuentro son círculos de distinto diámetro, con un pequeño foso en su centro para hacer hogueras o plantar vegetación, que se distribuyen a lo largo del proyecto brindando al barrio nuevos lugares donde reunirse y socializar. El abanico, al igual que el complemento flamenco, se abre y se cierra, con la función de regular el ambiente de la plaza. En los meses más calurosos se abre y en los duros inviernos granadinos se deja cerrado.

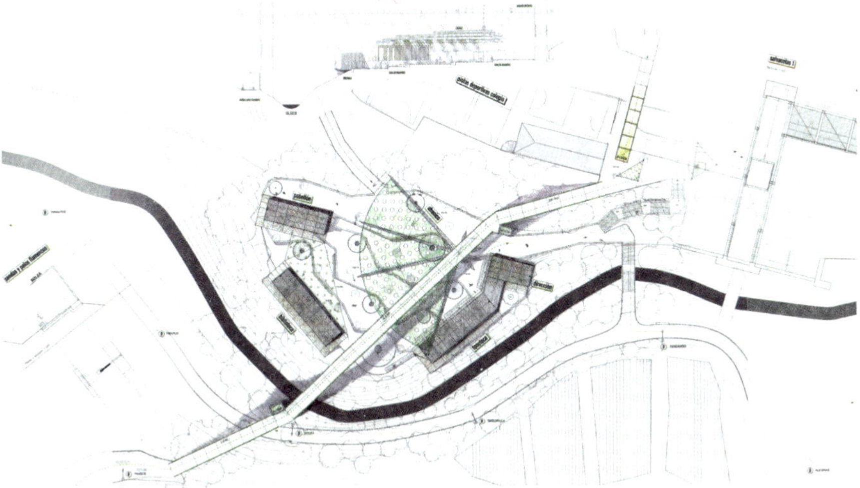

La Chumbera.

Subiendo por el Sacromonte se encuentra uno de los edificios más emblemáticos del barrio, el auditorio municipal de la Chumbera. Aquí se aloja el espacio representativo del CIDAF. Aprovechando que ya existe un auditorio que puede ser utilizado para tal efecto, y que además tiene un auditorio al aire libre, se adosa como un complemento arquitectónico un nuevo marco- tramoya.

Esta operación del marco-tramoya trae consigo dos nuevos usos: nuevas vistas hacia la ciudad (marco); y una infraestructura escénica para los nuevos espectáculos flamencos (tramoya). En resumen, este marco de color rojo, que nace como un análogo de los ya existentes en la ciudad, tecnifica el espectáculo flamenco como se ve en la sección y nos centra la vista como se ve en el alzado.

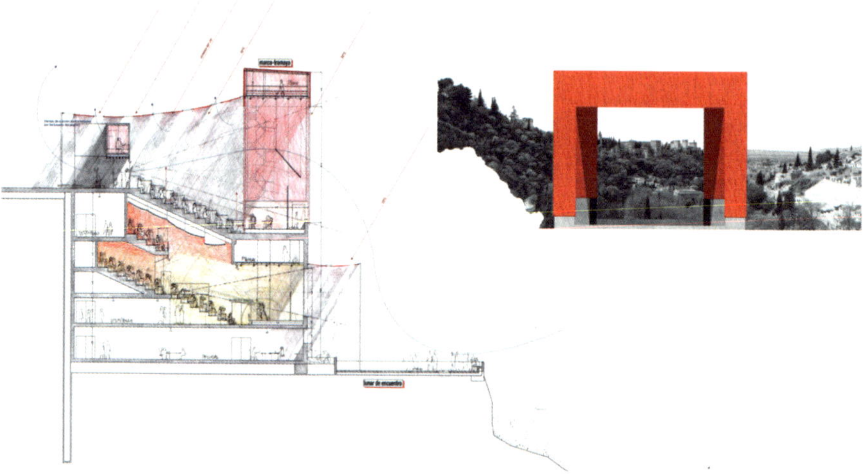

Neocuevas.

Por último y sobre la cota más elevada del barrio se encuentra el uso más restrictivo de todos. Allí, donde se harían todas esas investigaciones y esas nuevas incursiones creativas en el siempre cambiante mundo del flamenco, se daría en las Neocuevas.

Estas Neocuevas traen consigo el lujo austero de la naturaleza habitada, como decía el artista César Manrique. Se le añade, además, dos nuevos elementos poco vistos en las cuevas sacromonteñas: luz y ventilación natural, a través de una serie de oquedades en sus techos.

El flamenco se adueña de esos espacios trogloditícos. Estas cuevas albergarán las residencias y los laboratorios flamencos (estudios de grabación), donde toda esa experimentación flamenca del CIDAF se hará posible.

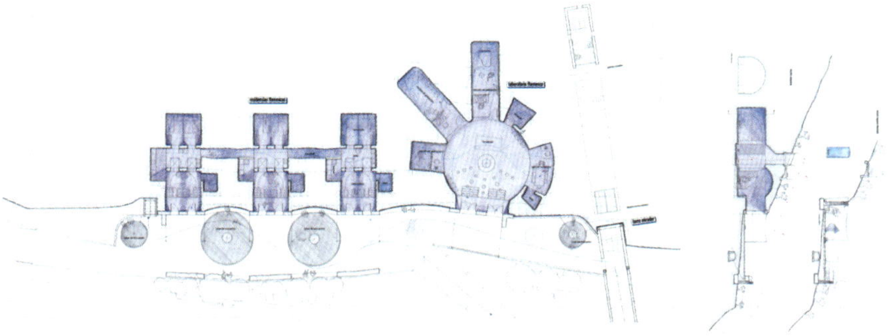

Conclusión Coser y Cantar:

Y así, es como aterriza el flamenco en lo arquitectónico. Toda la arquitectura que engloba este proyecto se caracteriza por la mezcla y la heterodoxia, propias del carácter flamenco y musical de la ciudad de Granada.

Finalmente, en el Sacromonte, un territorio lo suficientemente complejo como para intervenir en él, se decide utilizar el elemento que más lo define para proponer soluciones sencillas. Tan sencillas como coser y cantar.

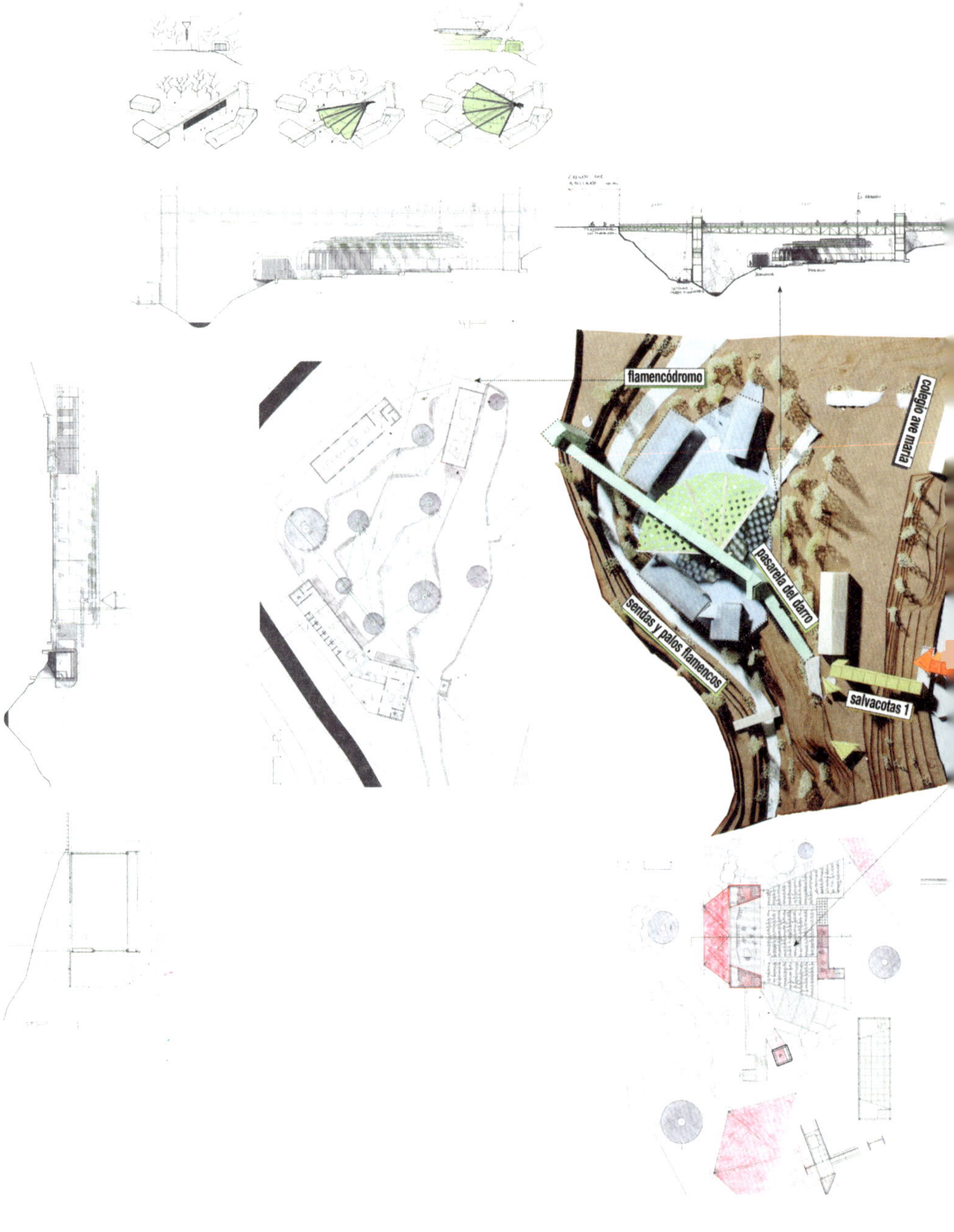
flamencódromo
colegio ave maria
pasarela del darro
sendas y palos flamencos
salvacotas 1

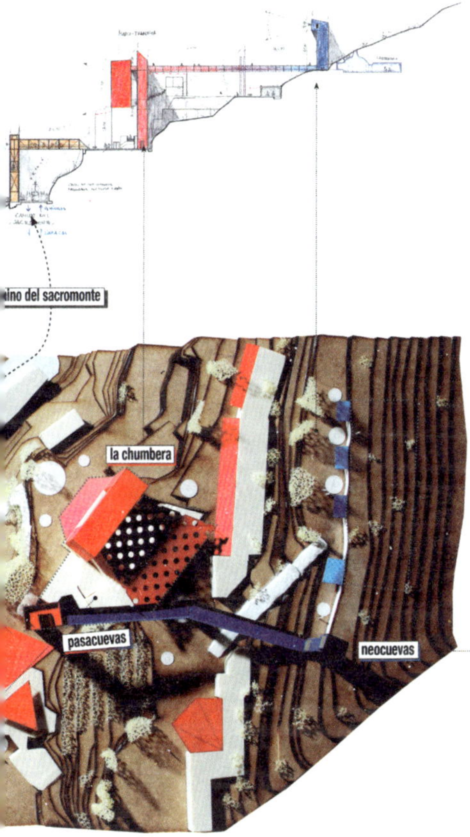
ino del sacromonte
la chumbera
pasacuevas
neocuevas

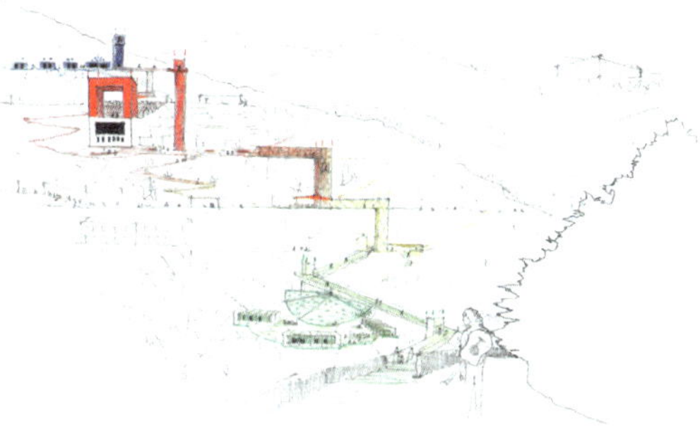

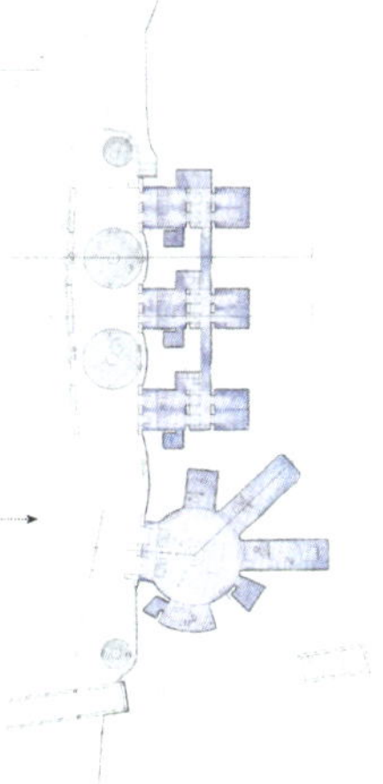

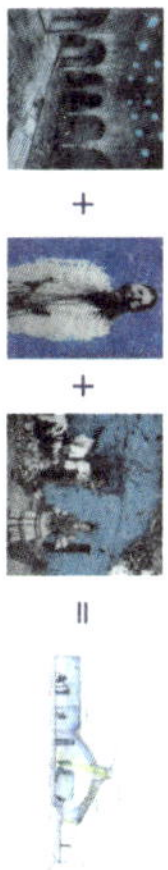

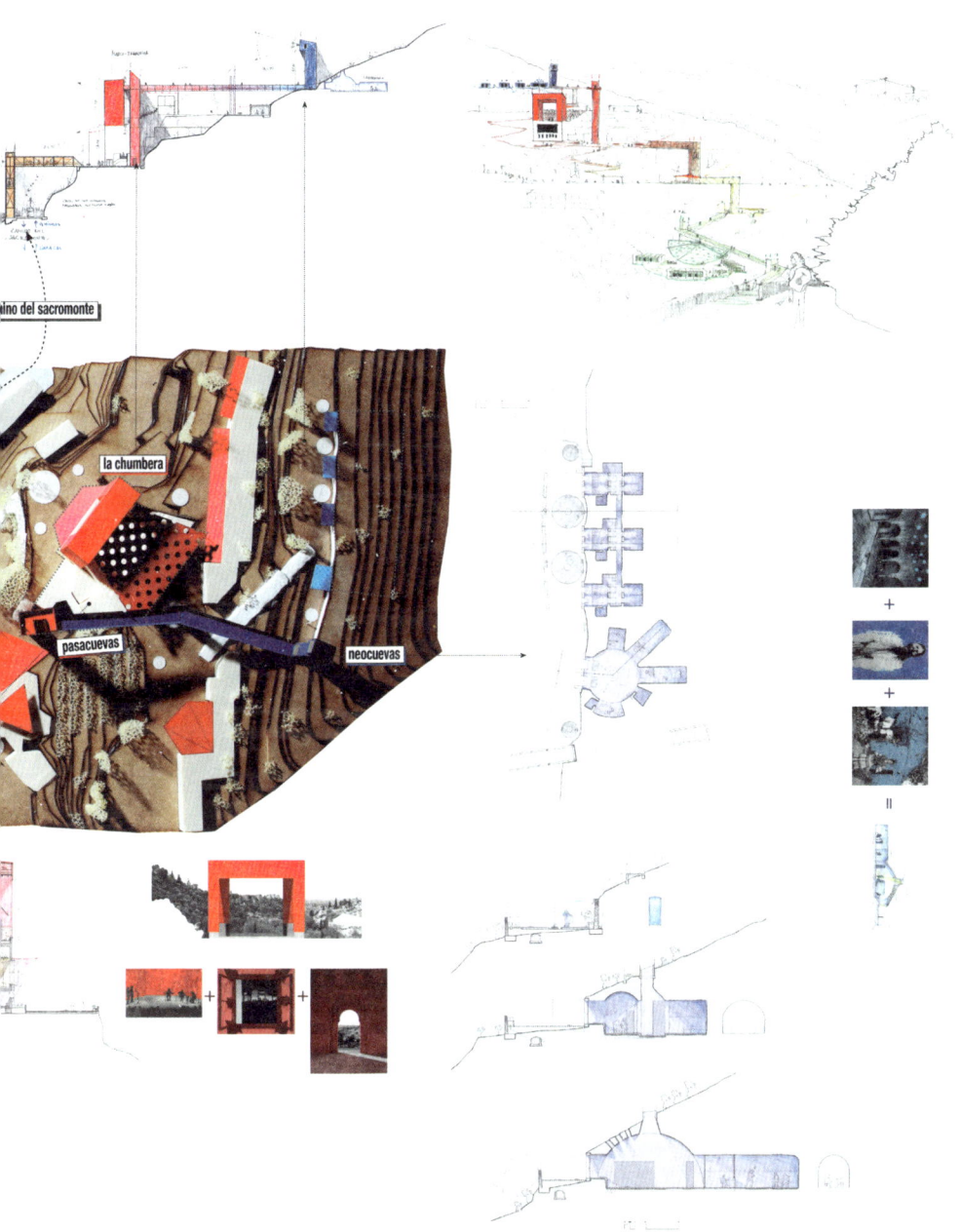

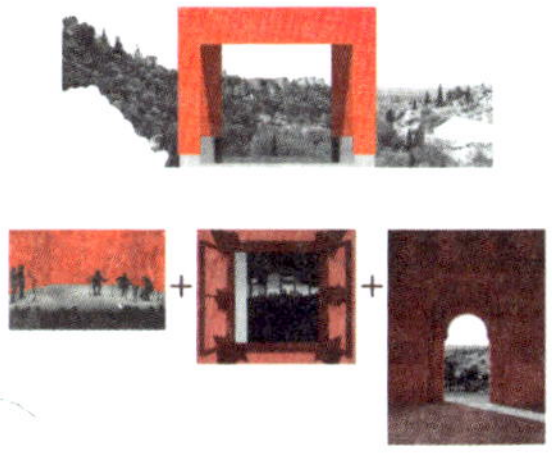

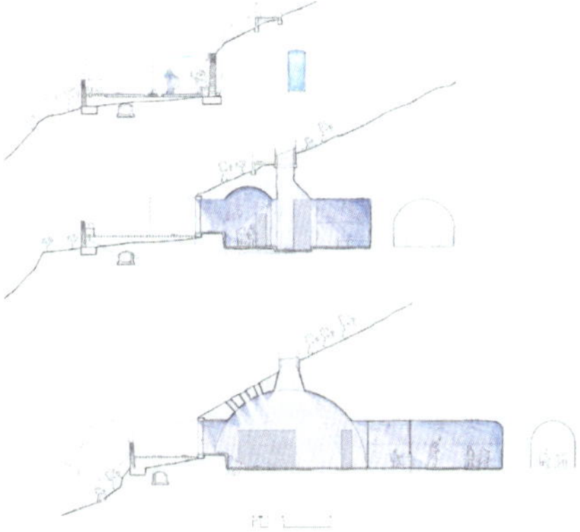

Yo y mis Arquiflamencuras

Durante todo este tiempo, desde que comenzaron los pasados Tientos hasta este momento, he tenido la oportunidad de poder agrandar mi conocimiento sobre dos de mis mayores pasiones: el flamenco y la arquitectura. Pero aún más importante es el grado de sensibilidad adquirido para con estas disciplinas que esta serie de experiencias me han brindado. Se me ha abierto, desde entonces, un mundo de posibilidades creativas y artísticas que antes ni se me pasaban por la cabeza.

He podido conocer y percibir lugares de manera distinta, que pensaba que conocía muy bien. Siento que he estado viajando todo este tiempo sí, viajando. Mi familia materna es de Granada, y llevo toda mi vida visitando la ciudad, la conozco como la palma de mi mano, pero esta experiencia me hizo viajar a otra ciudad que me era muy ajena. Lo mismo me ha pasado con los demás espacios visitados. Incluso mi TFM, ahora, a toro pasado, lo veo muy distinto a cuando lo entregué.

Viajar, conocer, saber, tentar, hablar y escuchar. Esto son los Tientos. Tanto da si lo que aquí se produce queda en una mera anécdota para mí o si abre el camino a nuevas investigaciones.

Tanto da. Decía Pedro Ordóñez que la frontera del flamenco no es rígida sino que se desplaza. Y llegado a este punto, siento que mis *Arquiflamencuras* han podido ensanchar, aunque sea un poquito, esa frontera, y hacer que el flamenco avance.

Paula
Bruna

98 – 111

Embolismo por soleá (seguiriya y muerte)

Paula Bruna

Presumes que eres la ciencia
yo no lo he entendío así
porque siendo tú la ciencia
no me has comprendío a mí

(Soleares. Letra popular)

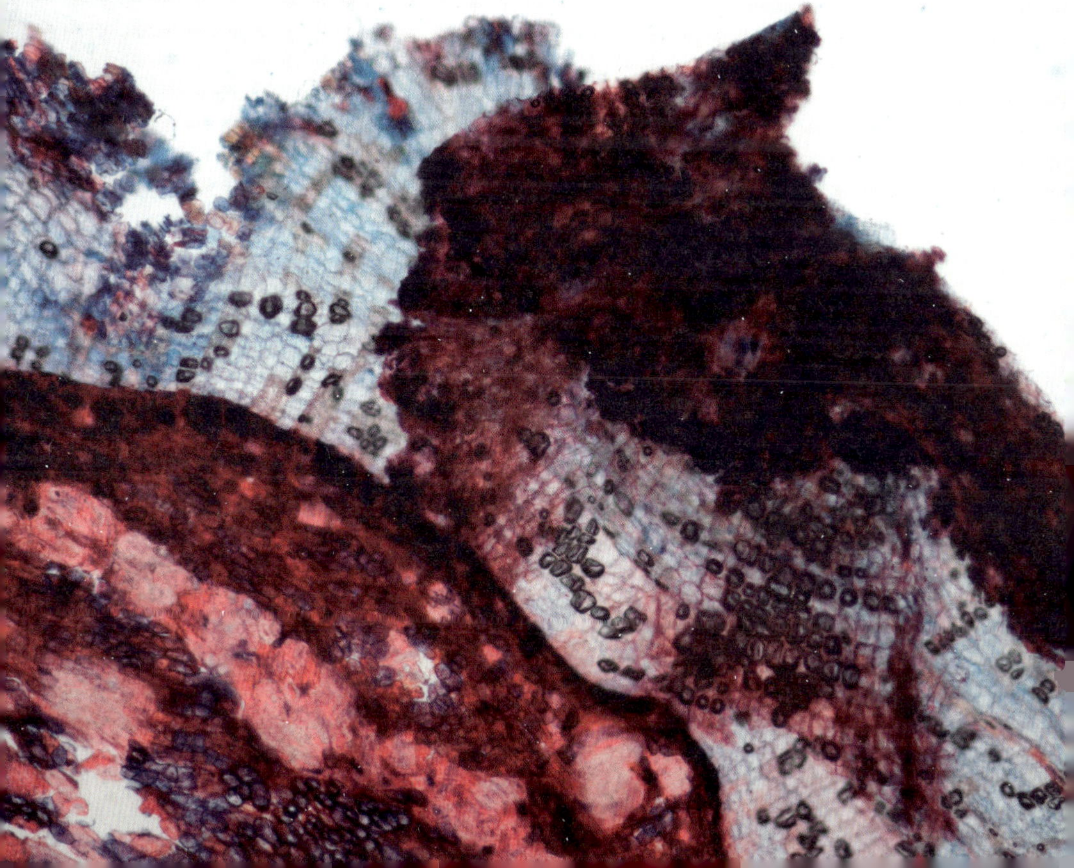

Hace más de cincuenta años que sabemos que nuestra manera de vivir comporta una serie de conflictos ecológicos globales (cambio climático, pérdida de la biodiversidad, agotamiento de los recursos, contaminación...) que ponen en peligro la supervivencia de muchas formas de vida, incluida la nuestra.

En 1972 se presentó en la ONU el informe Los límites del crecimiento: informe al Club de Roma sobre el predicamento de la humanidad (Meadows et al., 1972). Este informe advertía de algo que aparentemente resulta muy sencillo, que es que un sistema socioeconómico basado en el crecimiento ilimitado en un planeta finito es, por definición insostenible, y esto tiene graves consecuencias biofísicas. No era la primera advertencia; otros, mucho antes, habían reportado el problema, pero el informe del Club de Roma fue relevante en cuanto al reconocimiento institucional de la insostenibilidad del sistema.

Desde entonces, hemos ido conociendo con mayor detalle la dimensión de los conflictos. Hoy la comunidad científica puede describir con pasmosa precisión el ritmo de pérdida de especies, cuántos grados va a subir la temperatura, qué cantidad de microplásticos hay en el polo norte... Sin embargo, pese al conocimiento del problema, los conflictos ecológicos no sólo no han mejorado sino que empeoran a mayor velocidad, acercándonos a límites peligrosos para el mantenimiento de nuestras sociedades.

Si hace tiempo que conocemos la problemática, ¿por qué no conseguimos cambiar de rumbo?

Por qué no intentas cambiar
De manera de vivir
Por qué no intentas cambiar
No ves que si sigues así
Tú te vas a matar
Y me estás matando a mi

(Malagueñas. Letra popular)

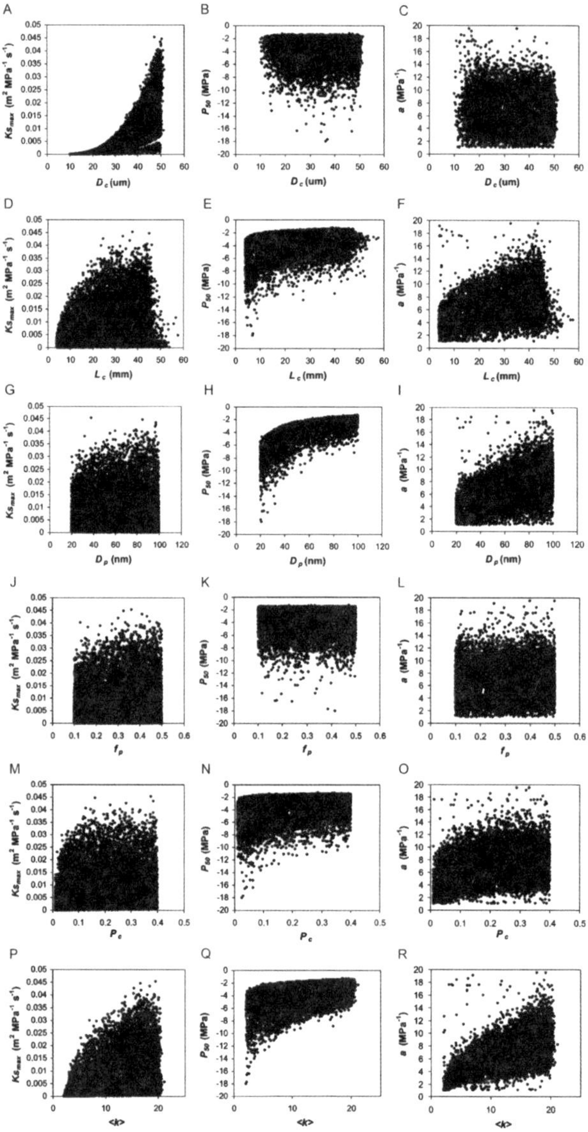

Estudio de diferentes propiedades estructurales del xilema que determinan la conductividad hidráulica y la vulnerabilidad a la embolia (Loepfe et al., 2007).

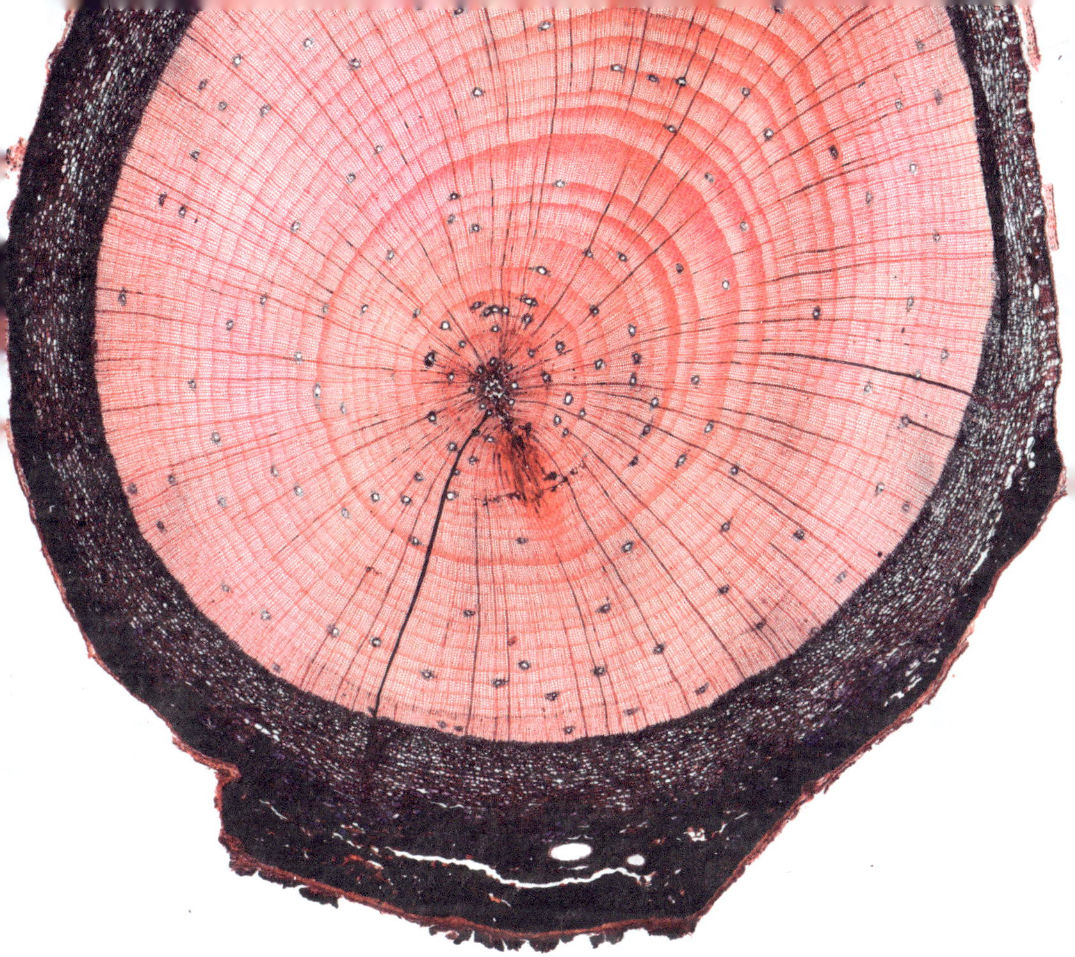

A lo mejor necesitamos algo más que datos científicos. Quizás debemos recurrir a otras formas de comprensión más allá de la razón; quizás debamos recurrir a la emoción. Y también puede ser que nuestra visión excesivamente antropocéntrica y productivista nos esté limitando en la imaginación de alternativas de coexistencia en el mundo.

Aquél que le pareciera
Que mis penitas no eran nada
siquiera por un momento
que se ponga en mi lugar

(Tientos. Letra popular)

El cambio climático trae sequía. Con la sequía, los árboles sufren embolismo. El embolismo consiste en la formación de burbujas de aire en los vasos conductores de las plantas, obstaculizando el flujo de la savia de una forma parecida a las embolias de los humanos. La formación de estas burbujas de aire emite un ultrasonido que los científicos monitorean para estudiar cómo afecta el cambio climático a los bosques.

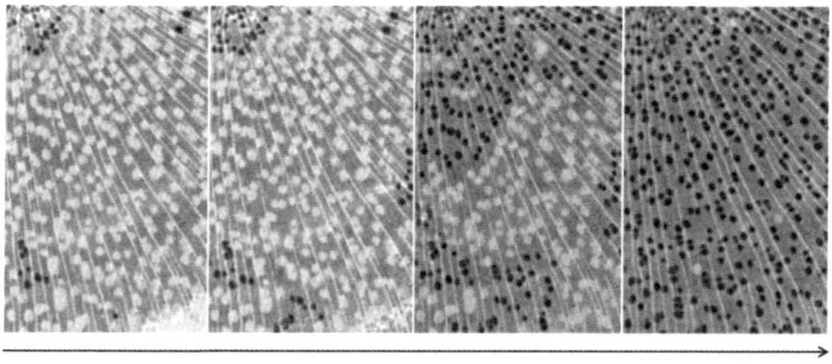

Series temporales de cortes transversales a través del tejido del xilema obtenidos mediante microtomografía de rayos X. En cada corte, los vasos llenos de agua se ven como círculos brillantes, mientras que los vasos que contienen embolias de ven negros. A medida que aumenta la sequía, las embolias se propagan por el xilema, provocando finalmente la mortalidad de la planta (modificado de Choat et al., 2018).

A través del aparato que lo registra, el embolismo suena como unas palmas sordas que siguen un ritmo sin compás. Al principio es lento, como una soleá. Conforme se agudiza la sequía, el ritmo se acelera y, como en las fiestas flamencas, el embolismo acaba por bulerías. Final con desplante y después, silencio.

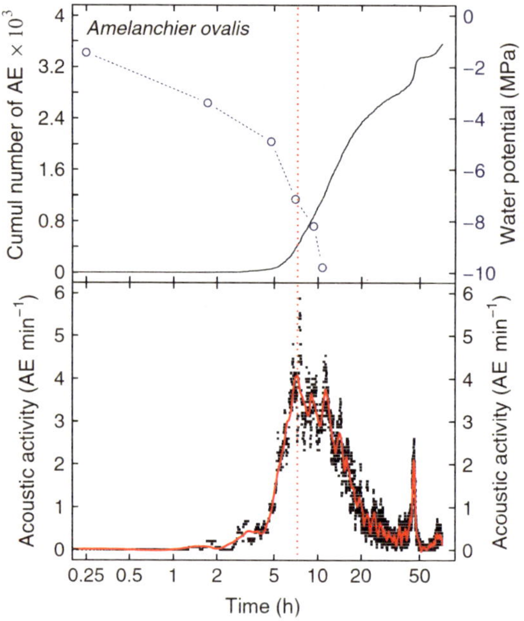

Evolución de las emisiones acústicas asociadas al embolismo de una planta en condiciones de estrés hídrico prolongado (Nolf et al., 2015)

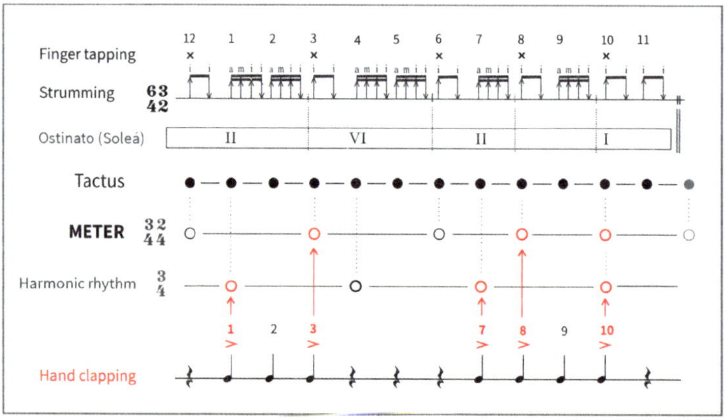

Patrón tradicional de palmas por soleá y alegrías (Jiménez de Cisneros, 2017)

Existe si no la nombras
si la nombras ya no existe
tierra de nadie es el nombre
del silencio que resiste

(Alegrías de Vicente Soto 'Sordera')

Parece haber un entendimiento entre el flamenco y el árbol, como si compartieran una base común en sus ritmos. Podríamos decir que el flamenco habla árbol porque está impregnado de él; tanto en el lenguaje (los palos, el árbol del flamenco, la letra de los cantes que bien podrían ser transcripciones de sus quejíos...) como materialmente (los tacones, las castañuelas, la guitarra, el cajón, la silla y el tablao están hechos de madera). Así, el flamenco conoce al árbol porque lo contiene. Por eso a través del flamenco podemos escuchar lo que el árbol tiene que decir sobre las nuevas condiciones climáticas. El flamenco es un mediador entre los humanos y los árboles, un lenguaje común que, al pasar más por la emoción que por lalógica, deviene muy valioso para aproximarse a la subjetividad de los árboles y comprender a través de ellos la ecología que nos atañe.

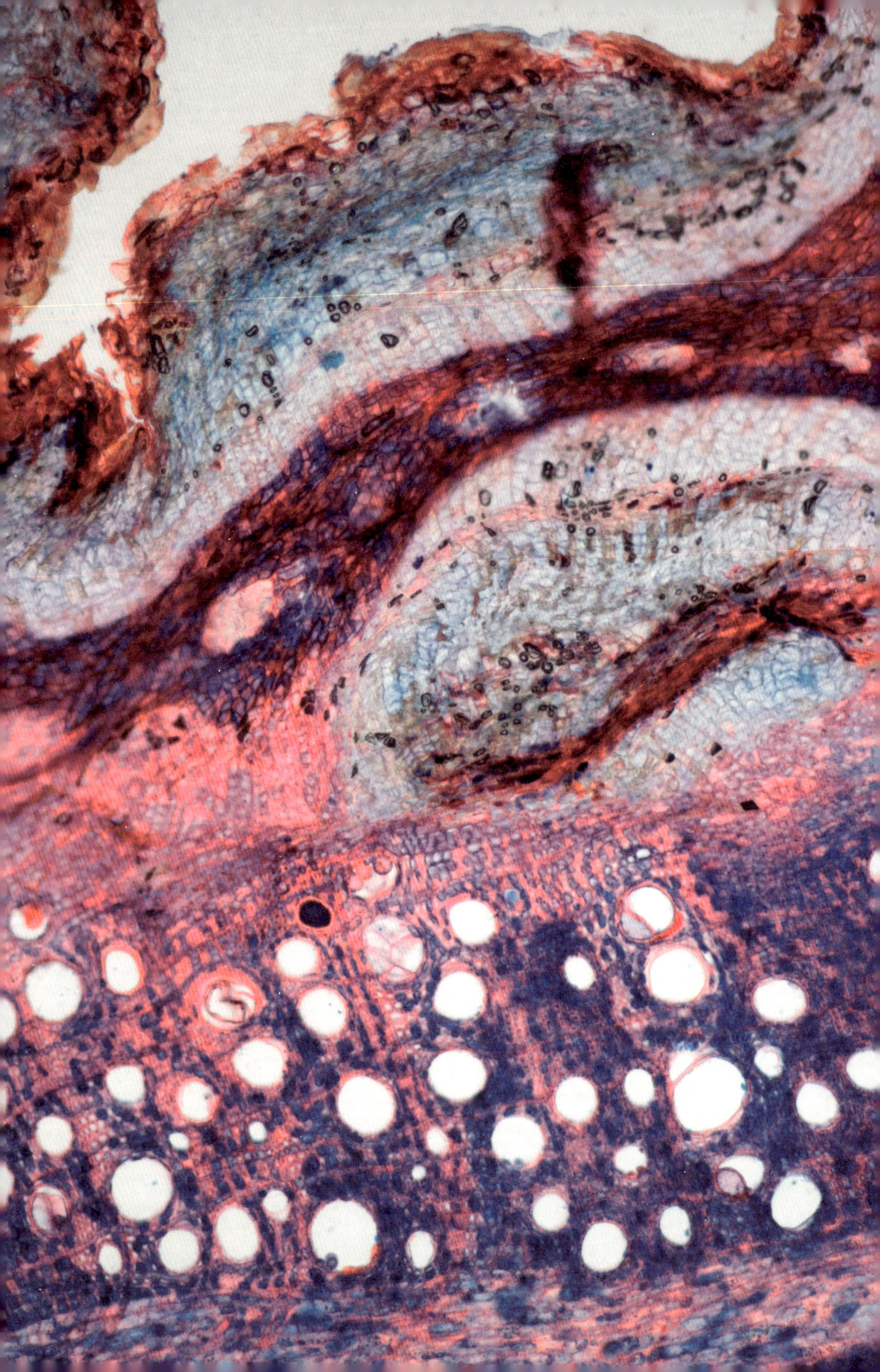

La elipse de un grito,
va de monte
a monte.

Desde los olivos,
será un arco iris negro
sobre la noche azul.

¡Ay!

Como un arco de viola
el grito ha hecho vibrar
largas cuerdas del viento.

¡Ay!

(Extracto de *El grito. Poema del cante jondo*,
Federico García Lorca, 1931)

"Los olivos están cargados de gritos", reza Paisaje, poema de la Siguiriya Gitana, de Federico García Lorca; como si Lorca hubiera escuchado el grito embólico de los árboles. Félix Grande dice que tal vez gritar y preguntar sean la misma cosa, y añade que, al preguntar gritando (es decir, al protestar contra la muerte), las músicas reivindican la vida. Entonces, ese grito oculto que sale de las entrañas del árbol en forma de ritmo sin compás no puede ser sino que un quejío que reivindica la vida.

Que nadie vaya a llorar
El día que yo me muera
Es más hermoso cantar
Aunque se cante con pena

(Bulerías de Manuel Molina)

*Las imágenes de tejidos vegetales de este texto son cortesía de Elisabeth Robert, investigadora del proyecto PHLOEMAP.

**Citas:

Choat, B., Brodribb, T.J., Brodersen, C.R. et al. (2018). Triggers of tree mortality under drought. *Nature*, 558, 531–539
Jiménez de Cisneros, B. (2017). Discovering Flamenco Metric Matrices through a Pulse-Level Analysis. *Analyticaal Approaches to World Music*, 6(1).
Loepfe, L., Martinez-Vilalta, J., Piñol, J., & Mencuccini, M. (2007). The relevance of xylem network structure for plant hydraulic efficiency and safety. *Journal of Theoretical Biology*, 247: 788-803
Meadows, D. H., Meadows, D. L., Randers, J., & Behrens, W. W. (1972). *The Limits to Growth: A Report for the Club of Rome's Project on the Predicament of Mankind*. New York, NY: Universe Books.
Nolf M., Beikircher B., Rosner S., Nolf A., Mayr S. (2015). Xylem cavitation resistance can be estimated based on time-dependent rate of acoustic emissions. *New Phytol.* Oct;208(2):625-32.

Sara
Espinosa

112 – 125

SI DIGO ANDALUCÍA DIGO ESPINA

* PA MI MANUELA, ENRIQUE MORENTE SACROMONTE, 1991

INVENTARIO DE ESPINAS

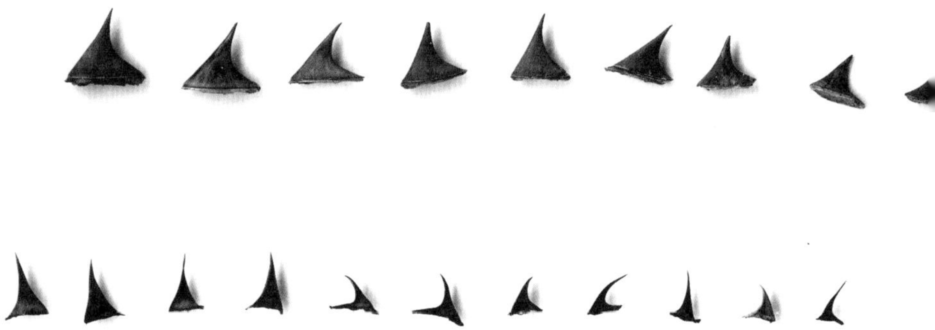

· ROSAL

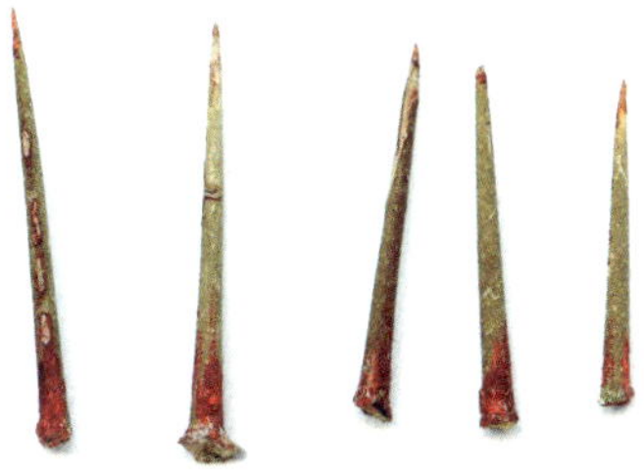

. LIMONERO

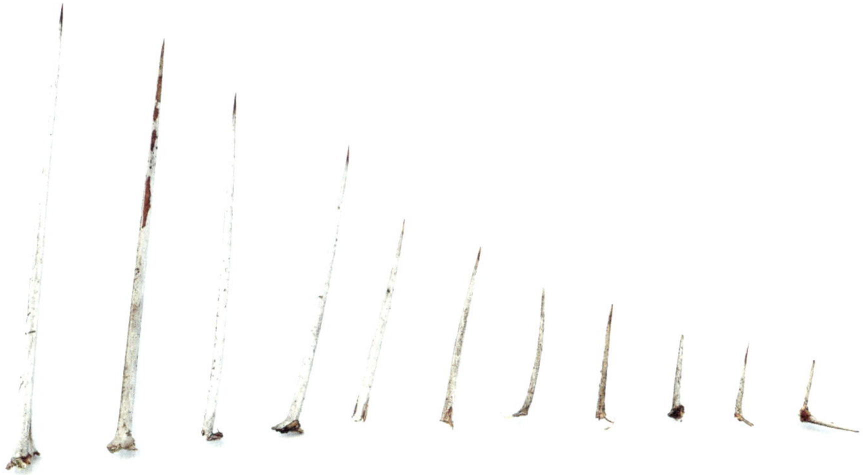

. ACACIA

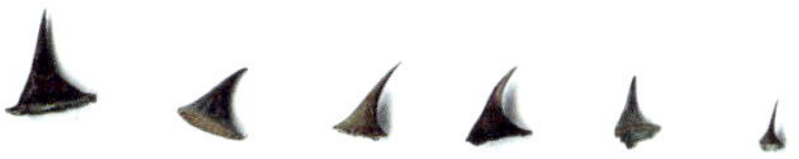

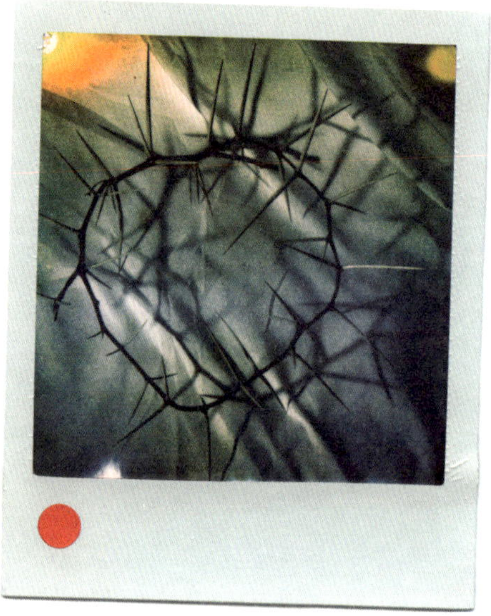
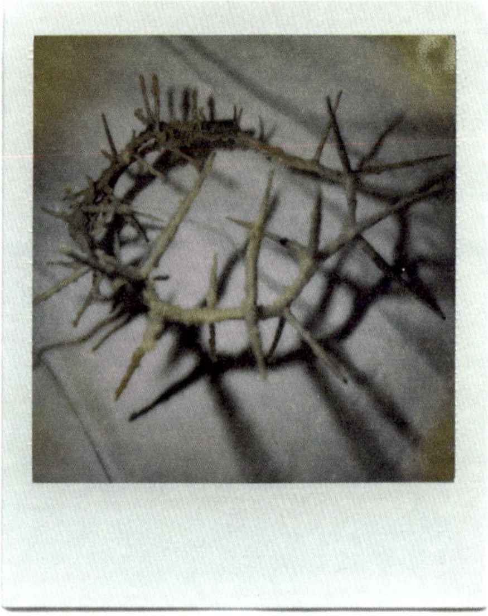

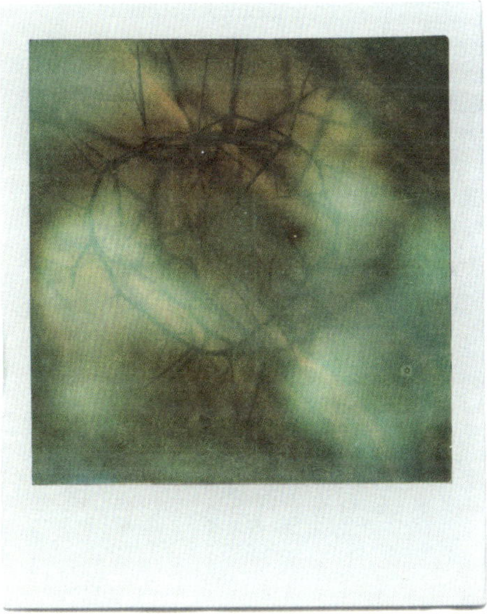

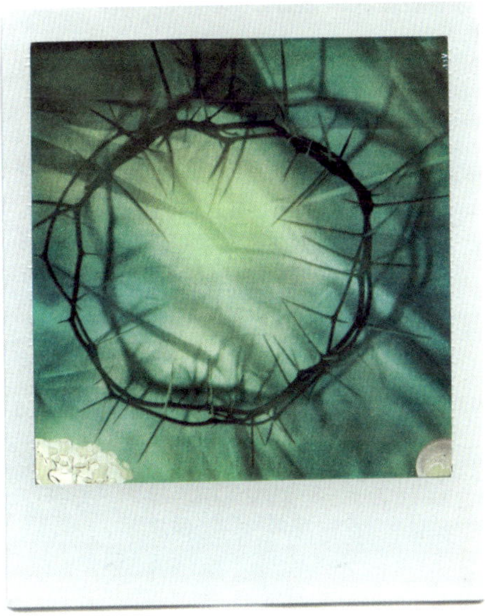

CORONA DE ESPINAS. ESTUDIO DE FORMA Y LUCES.

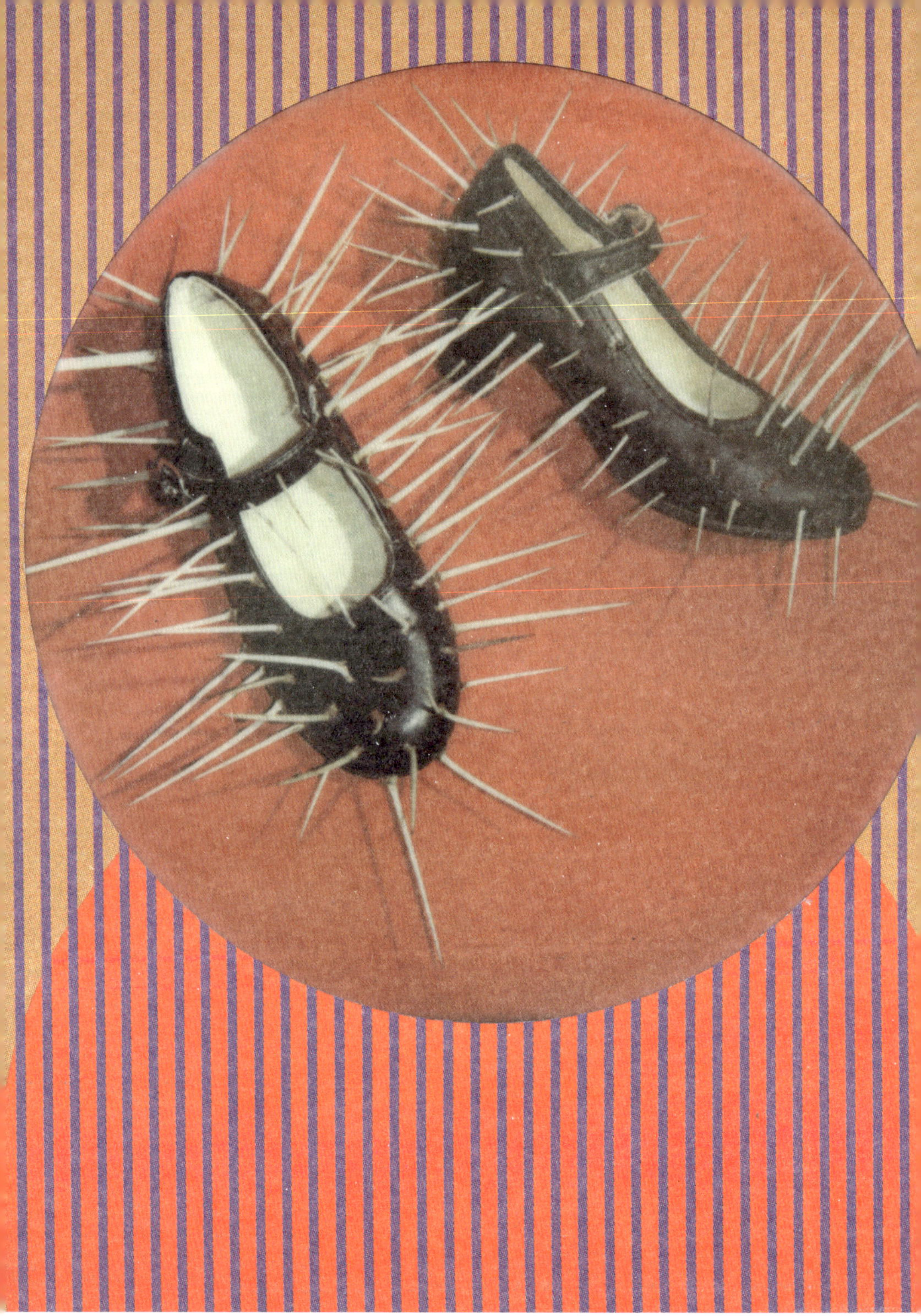

MODELO SEGUIRIYA

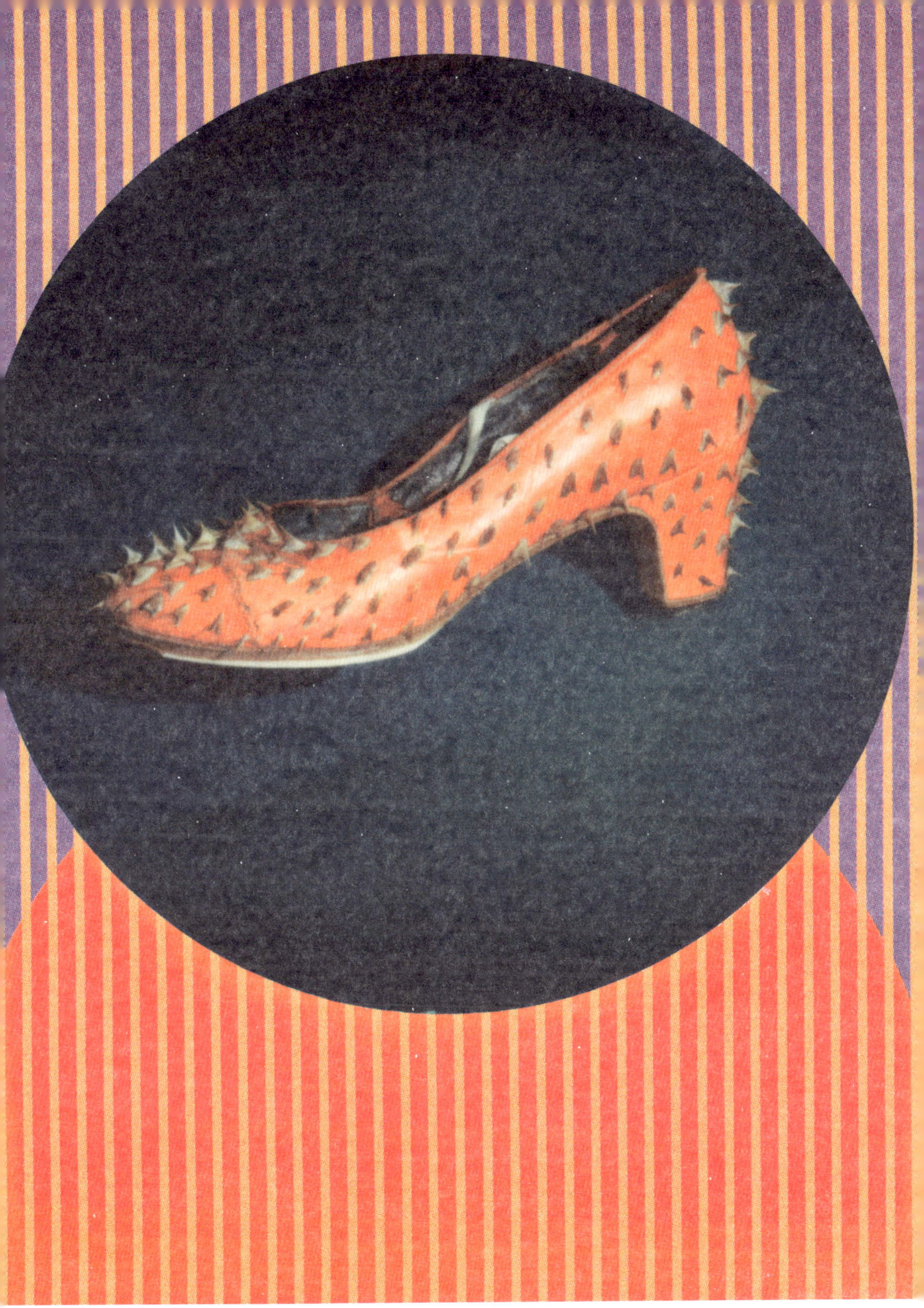

MODELO TANGOS

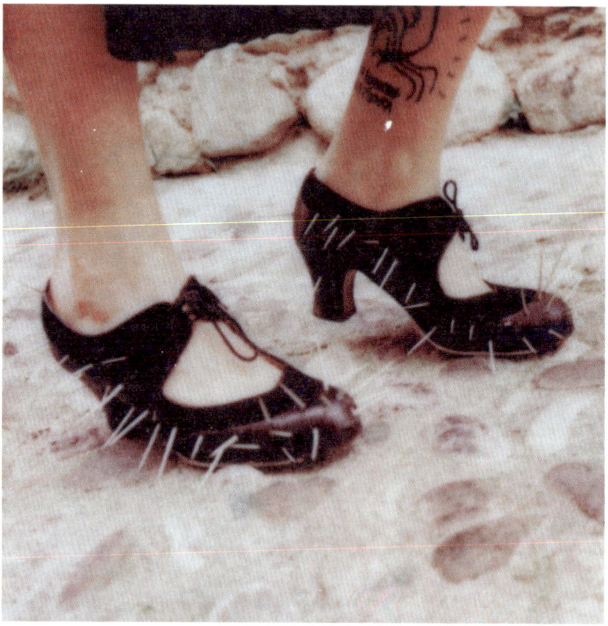

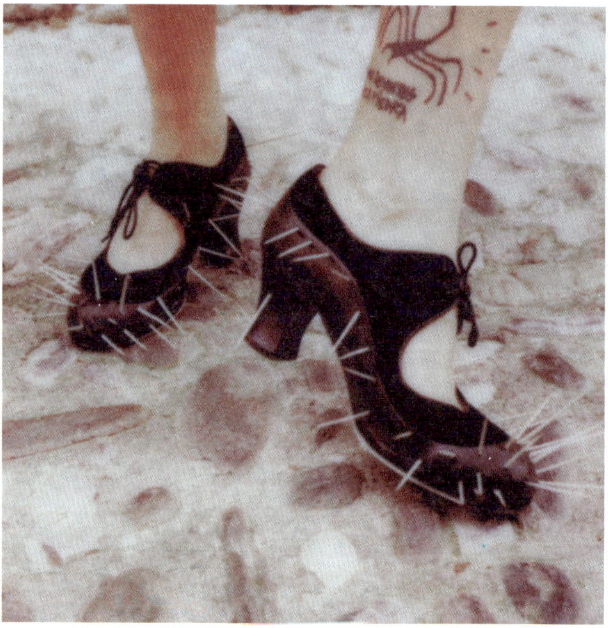

POLAROID ALBAYCÍN POR CARLOS ROCA

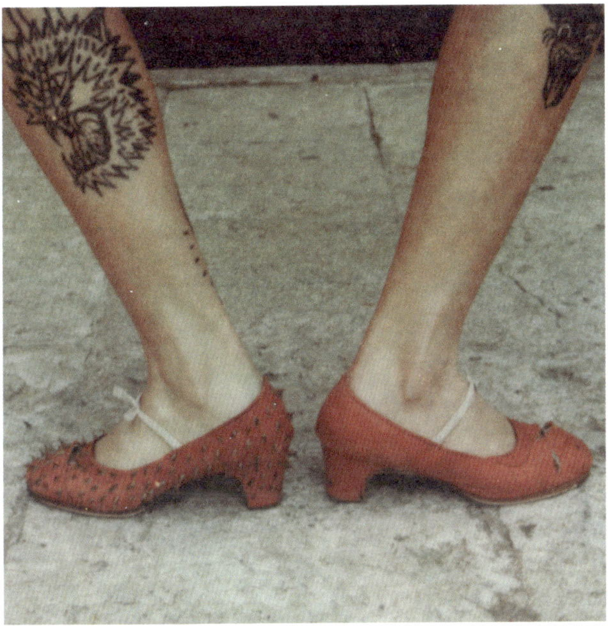

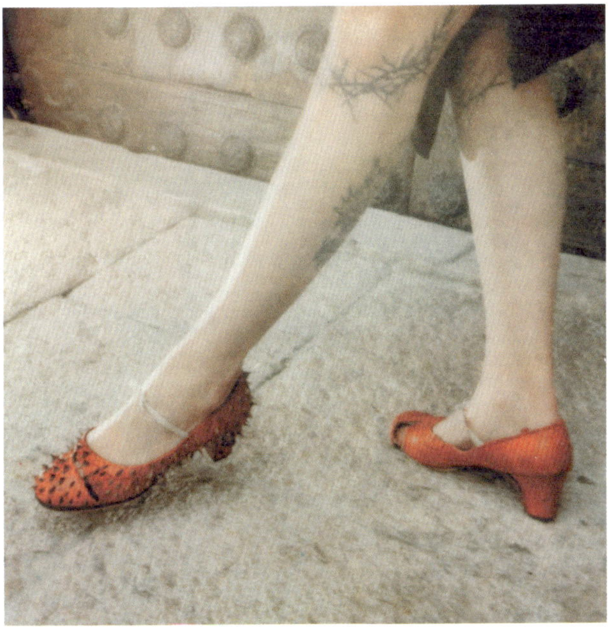

POLAROID. BARRIO SANTIAGO POR DANI GALÁN

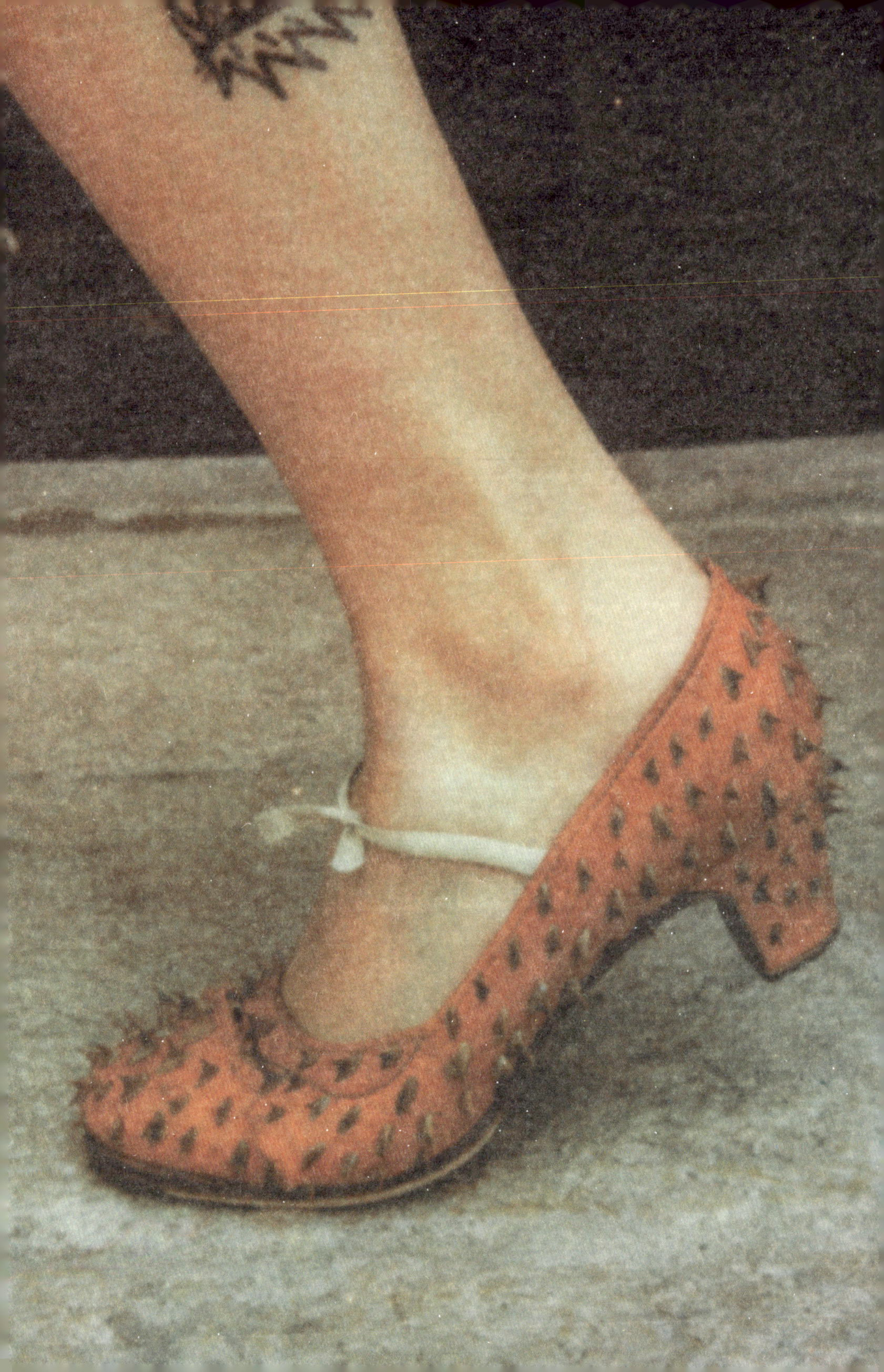

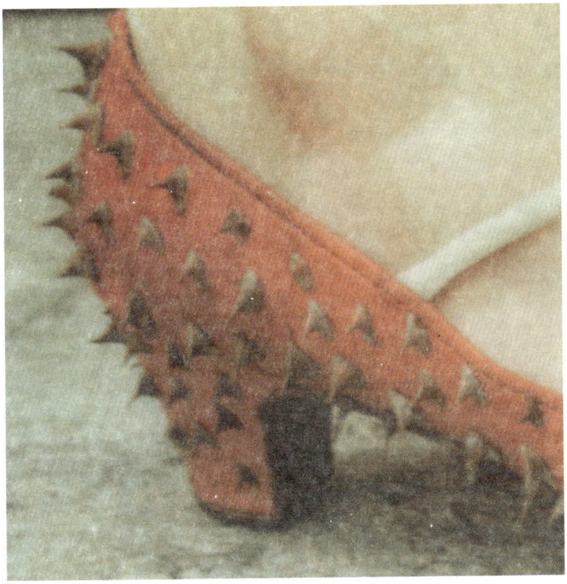

YO CORTÉ UNA ROSA
LLENITA DE ESPINAS
COMO LAS ROSAS ESPINITAS TIENEN
SON LAS MÁS BONITAS

* FRAGMENTO DEL POEMA «LA TONÁ DE LA FRAGUA» DE MANUEL MACHADO

LA IDEA DE ESTA COLECCIÓN DE TACONES FLAMENCOS-ESPINOSOS NACIÓ DURANTE EL MES DE SEPTIEMBRE DE 2023.

AQUI SE MUESTRAN ALGUNOS PROTOTIPOS DE ACACIA Y ROSAL. LA MUESTRA FINAL ESTÁ REALIZADA CON MATERIALES DE DISTINTA ~~NA~~ NATURALEZA, QUE SE VERÁN DURANTE EL MES DE LA EXPOSICIÓN 24.

LA MAYORÍA DE LOS TACONES HAN SIDO DONACIONES DE ACADEMIAS DE BAILE FLAMENCO Y BAILAORAS COMO

- AITANA DE LOS REYES ♡
- CENTRO SOLEÁ (MARSELLA)
- ESTUDIO DE BAILE CHIQUI DE JEREZ
- CONSERVATORIO PROFESIONAL DE DANZA MARIBEL GALLARDO (CÁDIZ)

Julio Jara
Sasha Binia Benarie
Sara Espinosa

126 – 131

MIRAR TIENTOS (RUMBA)

JULIO JARA
SASHA BINIA BENARIE
SARA ESPINOSA

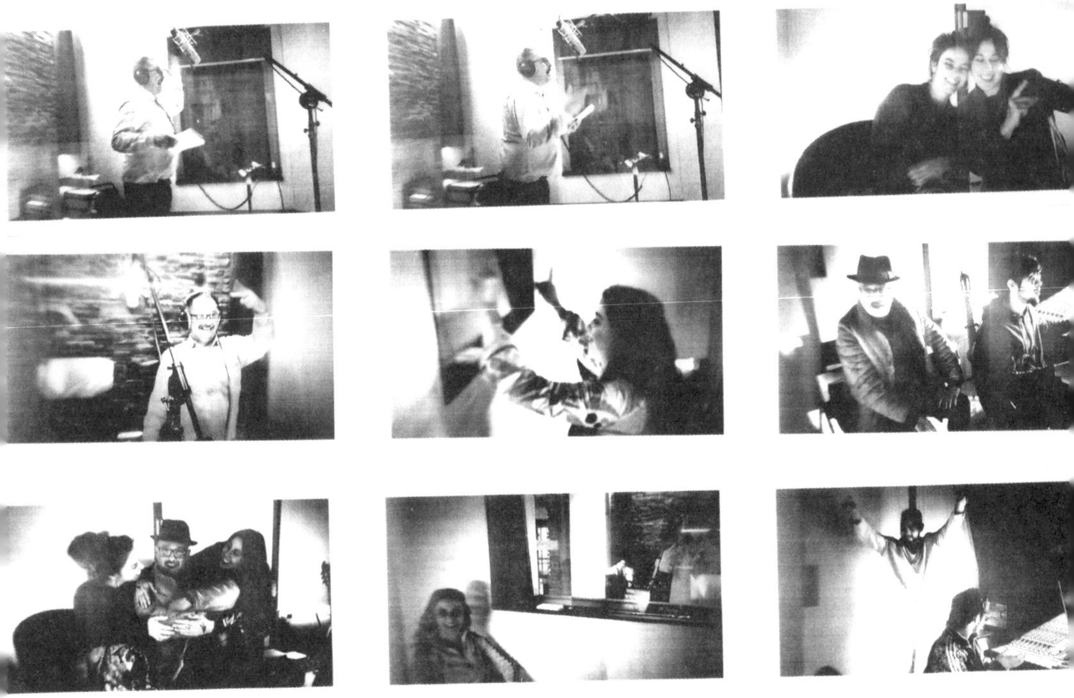

ATENTA LA MIRÁ ATENTA
ATENTA LA MIRÁ ATENTA
ATÉNTALA ATÉNTALA ATÉNTALA
¡MÍRATE TÚ!
ATENTA LA MIRÁ ATÉNTALA

MIRAR TIENTOS SON
QUE COMO PLANTAS SIN
CASA SIN TIESTO SON
A TIENTAS
ENTRE BALDOSAS Y ALCORQUES VAN
¡MÍRATE TÚ!
BAILANDO ERRAN
CALLEJEÁNDOTE ACERAS

* Grabación de la Rumba. La Puerta Estudios, Albaycín, Granada. 2024

ATENTA LA MIRÁ ATENTA
ATENTA LA MIRÁ ATENTA
ATÉNTALA ATÉNTALA ATÉNTALA
¡MÍRATE TÚ!
ATENTA LA MIRÁ ATÉNTALA

QUE SE DIRÍA DE QUÉ DE QUÉ
A QUÉ
PARAÍSO TIENTAN
QUE SE DIRÍA QUE ES A UN AY
QUE DESORIENTA
ESTA RUMBA LUMPEN POPULAR
DEL FRACASO GRANA UN AY
QUE ES UNA FIESTA
ATENTA LA MIRÁ ATENTA
ATENTA LA MIRÁ ATENTA
ATÉNTALA ATÉNTALA ATÉNTALA
¡MÍRATE TÚ!
ATENTA LA MIRA A TÉNTALA

ARRÚMBATE ARRUMBATE
CONTRA LA USURA
A LA ALEGRÍA A LA ALEGRÍA
AHORRA Y RENTA
DÉJATE Y DÉJATE
DERRUMBARTE
POR EL AMOR Y SU EXCESO
DE LA RUMBA
QUE ES TAN GENEROSA

DEGENÉRATE
DEGENERA DEGENERATÉ
NONAY NONAYNO NAYNO
NAYNO NAY NONÁ
NONAYNO NAYNO NAYNO NAYNONÁ
NONAYNO NAYNO NAYNO NAYNONÁ

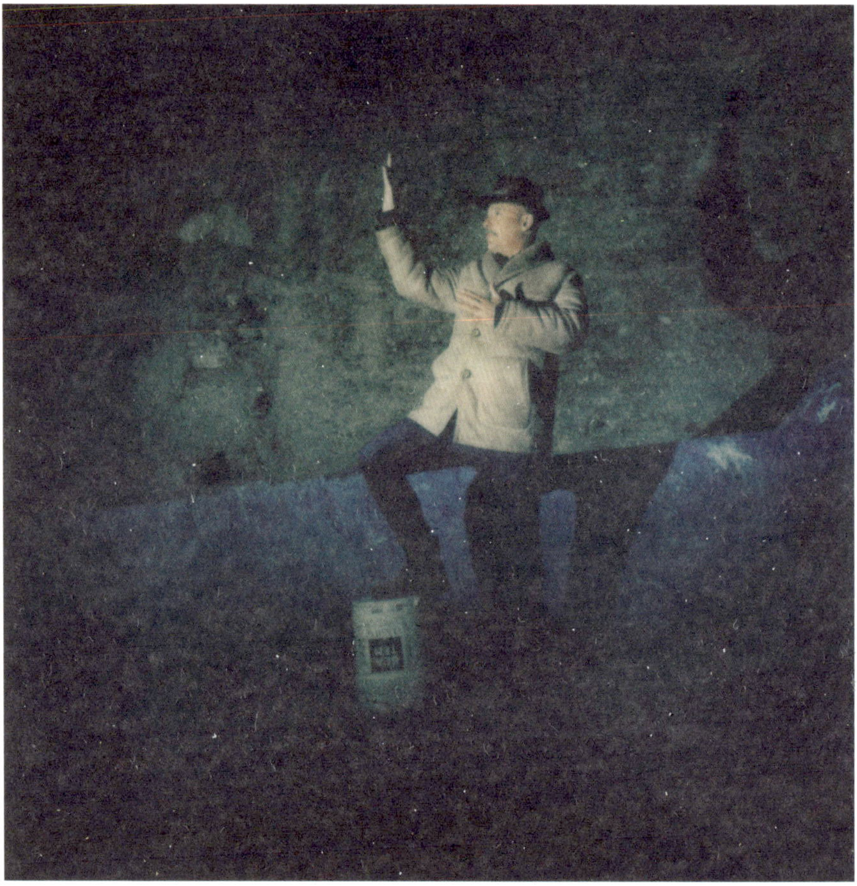

Albaycín, Granada
Polaroid de Sara Espinosa

Albaycín?, Granada?
Polaroid de Sara Espinosa

Sasha
Binia Benarie

132 – 139

Pa torear hay que parar,
templar y mandar

Templar, rematar y recogerse

El templo

Algo que está templado no está caliente ni frío. Templar recuerda a la palabra templo, un lugar donde todo está contenido. Me templo - yo, mi templo.

Una vez mi maestro me corrigió diciéndome que dejara de mirar al suelo cuando bailaba y que levantara la cabeza. Me dijo "yo siempre miro al cielo. Bailo para Dios". Me estaba diciendo que su templo era su baile. Y recuerdo que pensé, así baila... En el temple hay algo de eso, de introspectivo, casi místico. Sentimos que estamos en control pero es a la vez incontrolable.

¿Sería templarse algo parecido a prepararse para lo que se viene? Si me pongo metafórica, sería como una manera de tomar una buena decisión -a conciencia, despacio y sin prisas- y de saber escoger el momento adecuado para decir aquello que nos cuesta o que estamos deseando soltar. Para exhalar hay que inhalar primero.

Otra manera de decir lo mismo:

Una tormenta que se va acumulando. Se oyen los truenos, se ven relámpagos a lo lejos, parece que se va a caer el cielo. Que viene, que viene... todos preparados para el chaparrón. Hasta que de la carga contenida, estalla con poder y belleza.

Cuando bailamos el cante, estamos constantemente buscando la llave, que abrirá la puerta hasta la que nos ha conducido la plegaria, que nos llevará a un sitio u otro. La puerta es el remate y la plegaria, el cante. Un templo es un lugar real o imaginario en que se rinde culto al saber. Para bailar, ¿hay que saber? Saber escuchar.

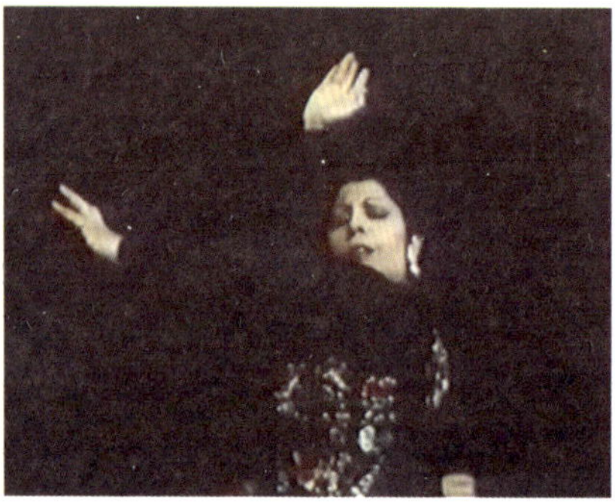

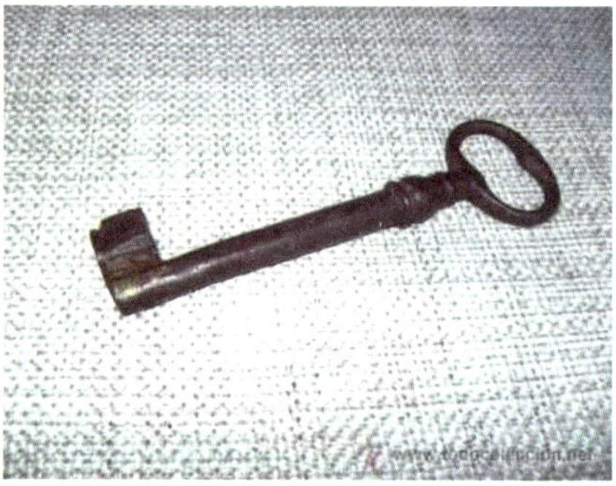

Abrir la puerta, exhalar o recordar la palabra

¿Sabes cuando tienes una palabra en la punta de la lengua? No la encuentras, sufres un poco y luego te viene. Cuando por fin la dices es como que te desahoga, da una sensación de satisfacción, todo lo que estabas contando cobra sentido por completo y la persona con quien estás te dice "¡Ah, sí, claro!" Y se ríe. Pues para mí rematar es un poco así. Podías estar buscando una palabra muy complicada, larga y técnica, tal vez se la escuchaste a alguien en una conferencia y es la primera vez que la usas -pero también sucede a veces con palabras básicas, de toda la vida de dios, que ni tú mismo te puedes creer que se te haya olvidado, hasta que la recuerdas. Pero lo importante no es la palabra sino el sitio que ocupa en la frase.

El baile es cuando veo que la persona está luchando, por decirlo de alguna manera. No es que sufra sino que busca y le cuesta, hasta que resuelve. Un baile perfecto será muy bonito pero no será tan bello. Tal vez por que lo que me engancha o conmueve, son las grietas que dejan que atraviese la luz. No pasa nada por no saber pronunciar una palabra, o por cecear, o por comerse las eses. Lo importante no es la palabra sino el sitio que ocupa en la frase, con todos sus puntos y sus comas.

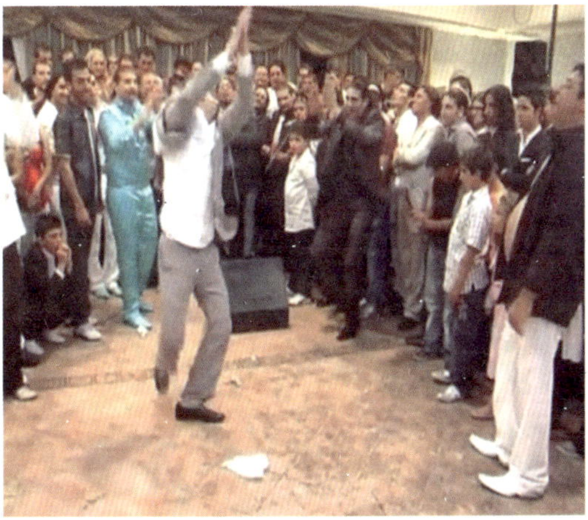

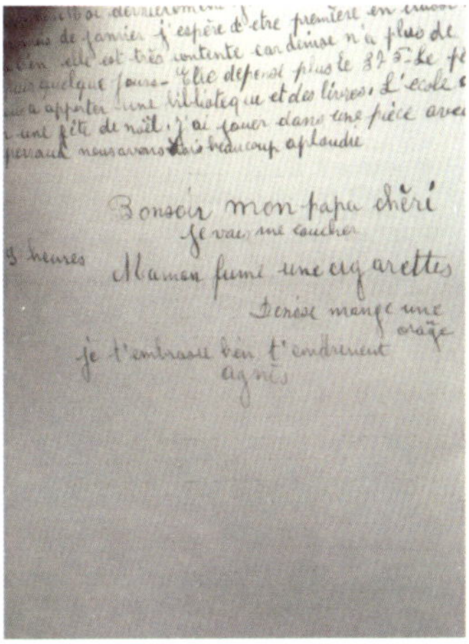

El que siembra, recoge

Recoger tu plato cuando has terminado de comer. Juntar los cubiertos, arrastrar las migas con una mano, repasar el mantel con la servilleta. En tres gestos, todos los elementos que han estado en la mesa se encuentran en el plato, ya vacío, símbolo de que has terminado. Detalles del cotidiano que realizamos de manera orgánica, gestos que están en nosotros, que veíamos hacer a nuestras madres, tías y abuelas. De la misma manera nos recogemos al bailar: todos los elementos que han constituido el baile se consolidan con un par o tres de movimientos, simples, naturales y entendibles por y para todos, generalmente el último siendo incluso doblar un brazo, por encima el otro, y juntar las dos manos, como diciendo: se acabó, friega tú que yo he cocinado.

El que siembra recoge: toda la energía que hemos acumulado en el temple y soltado en el remate, vuelve a nosotros al recogernos. Me acuerdo que mis maestros me enseñaban jaleándome, y cuando tocaba que me recogiera me decían “pa mi, pa mi, pa mi”, indicándome que ésa era la intención que debía tener en ese momento.

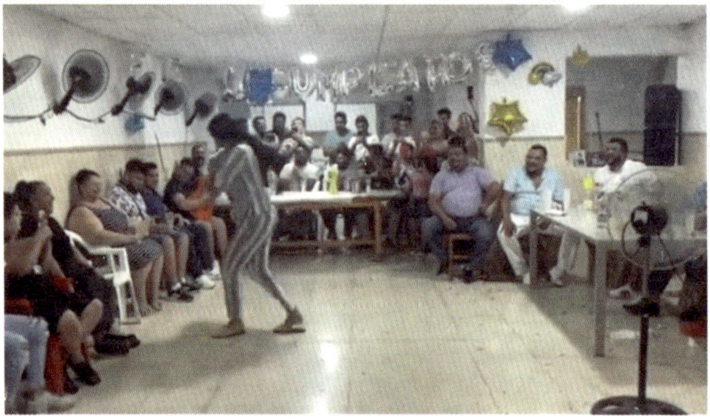

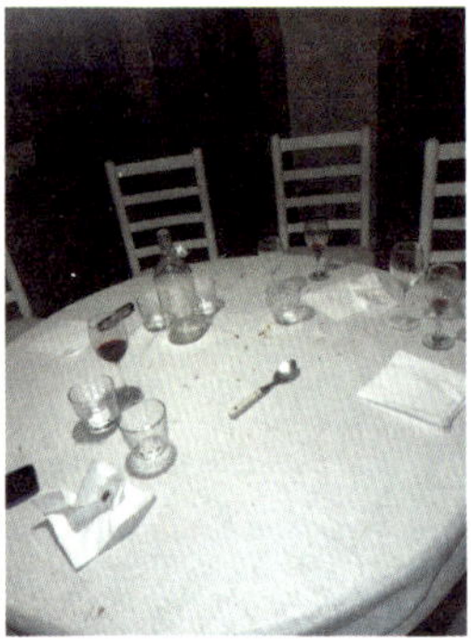

Se me olvidaba de los que dicen ole y tocan las palmas

Un corro flamenco, igual que uno de niños cantando "Ahora que vamos despacio" -que casualmente también es habitual escuchar por bulerías- un espacio de libertad para interpretar dentro de los límites de unos códigos. En los niños se ve clarísimo, la forma que tiene cada uno de entrar y salir del círculo, dónde se sitúan, a qué ritmo, con qué talante. Pero no solo performa el que está en el centro. Está el que canta, el que tararea, el que mira al techo, el que golpea con los pies, el que grita, el que imita.

En el registro flamenco: el que dice ole, arsa y toma, el que se levanta de la silla cuando remata el que canta o baila, el que da las palmas sobre su muslo, el que hace compás sobre la mesa, el que abraza por encima del hombro al que está cantando, el que mira al vacío, el que está completamente borracho y no calla. Cada uno tiene su forma de pertenecer al grupo y en cierto modo de llevar a cabo su propia performance según el momento, dentro de este marco de juerga. Un corro sin alguien en el medio es posible, pero alguien en el medio sin corro no tiene sentido.

Cuando bailamos solos, por ejemplo en el salón de la casa, nos jaleamos. Es una manera de hacerse compás a la vez que se marca, de entender las intenciones de cada movimiento, y de dar esa sensación de acompañamiento. El flamenco sin jaleos sería... como una casa sin muebles. Un espacio funcional pero hueco. Suspendido en el aire. Donde hay jaleos hay una cama sin hacer, un plato caliente, una manta.

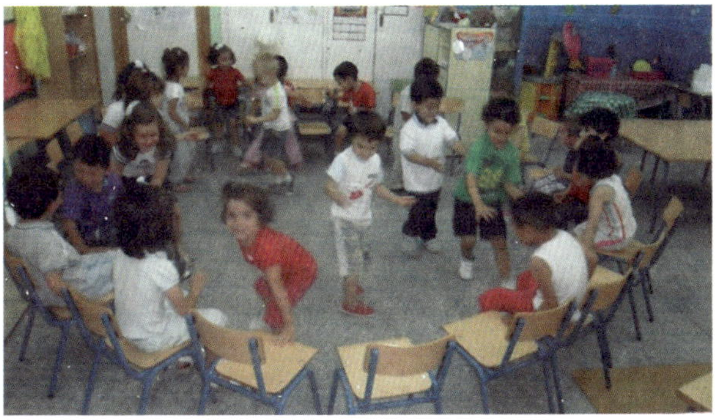

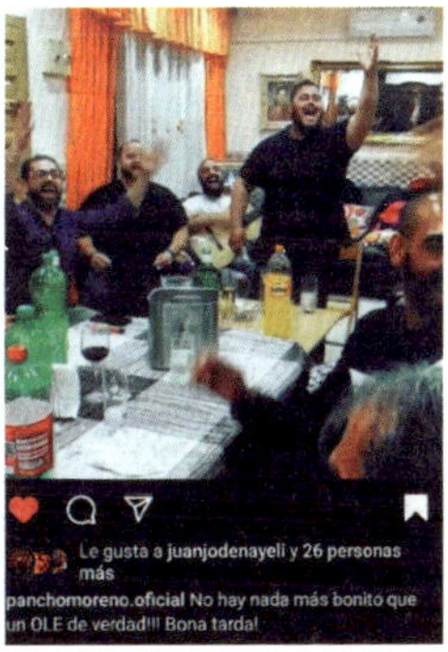

Sitio donde te hablé...

Un templo, una carta, una mesa, una casa. Todos esos lugares que he nombrado tienen un sitio en mi imaginario flamenco. Una llave, un punto y una coma, un mantel, son los elementos que me ayudan a crear este entramado y a reflexionar sobre ello. Las imágenes como punto de partida y su capacidad para convertirse en algo simbólico a la hora de hablar sobre esto que se llama flamenco y que intentamos tratar aquí. Lo flamenco como medio para pensar más allá del propio flamenco.

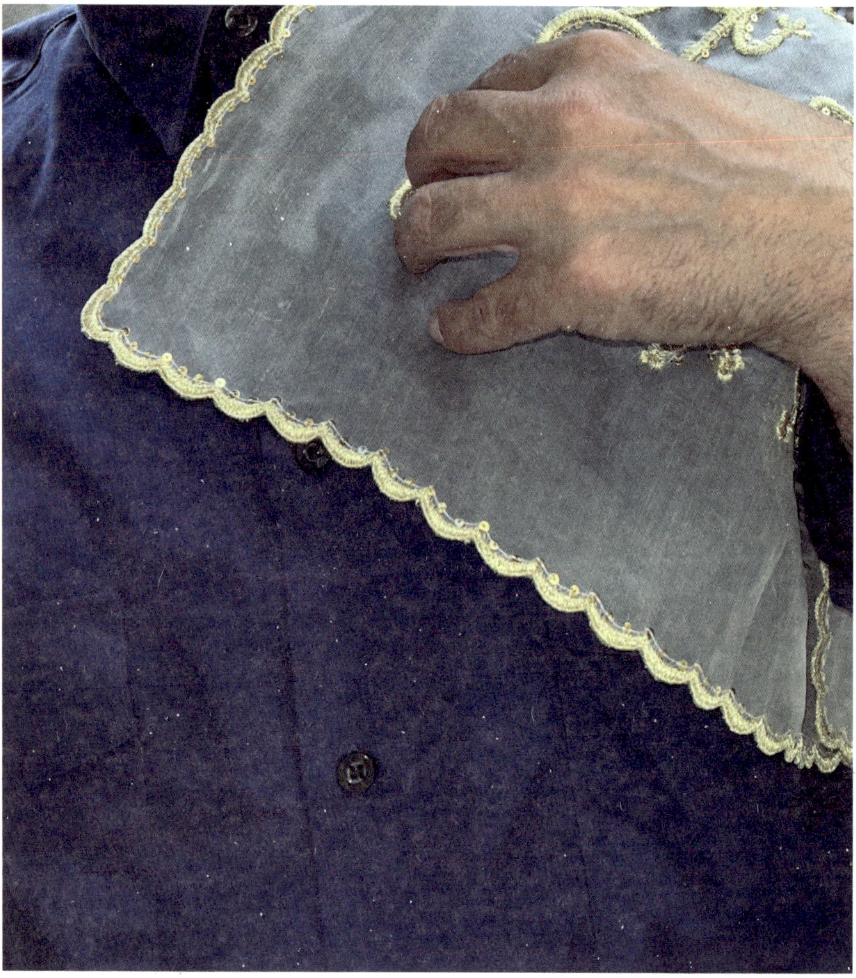

Begoña
M. Rueda

140 – 151

Mi piel tendencia de río
donde los árboles de piernas desnudas florecen anfibios
un árbol seccionado
has visto
es la mano de una gitana llena de sortijas   calla
que se nos derrumba
la noche encima acércame amor acércame
el pan blanco de tus senos en mis labios avecillas pían de hambre
como pía la muerte
la escuchas
en el zaguán.

Me fue dado el talle de la madona anfetamínica
y un dedal para no pincharme
con las espinas de tus ojos. Te me entregué
a cambio de unos patucos para la muerte niña y tú
me tendiste como ropa blanca al sol hiriente
del mediodía. Un ramito de manos cercenadas
te voy a regalar me oyes de dedos finos
como lirios de carne a tí
que desprecias la transparencia de los aljibes y vienes
a morir a mi patio como la luz
sesgada de abril.

Un limonero se posa en mis manos
árbol migratorio
hará su nido con las briznas de mi pena y piarán sus frutos
el día de nuestra muerte. Amo los seres
que llenan de aire sus pulmones pequeños mis ganas
de hacerles siempre daño. Acaso a tí
no te insulta tanta belleza. Tú eres una mujer
tan maldita como yo que llevo
las manos manchadas de voces extinguidas. Dame la mano.
Busquemos a tientas el zarcillo que acabas de perder
por los peldaños del infierno.

La rosa perpleja sobre la fuente zirí
obvia poesía cantiga de asno.
Por las arterias de los pensiles cóncavos
ruedan los limones exhalan las alpargatas se
suicida en la solería la cerámica de fajalauza.

Pienso en la lápida de mi madre y es pensar
verdaderamente
en la más inminente de mis condenas.

Qué se sentirá al matar a otra persona
al abrirle las carnes al alma
para que pueda regresar al viento. A qué sabrá
el dedo índice empapado de sangre ajena joven vírgen
yo a esas edades
hubiera agradecido un cuchillo. Corderos sin sacrificar.
Si le doy vuelo al filo una deidad me concederá la lluvia
a mí
y sólo a mí
de la más bendita de las aguas y se lavarán al fin
los espejos de mi casa.

Exhalarías en mi boca si te matara a tí
me perdonarías acaso por aspirar tu aliento. Regresarías
de entre los muertos al escucharme taconear sobre tu lápida
con un vestido rojo.

Las manos amarillas de la muerte
aguardan con las palmas hacia arriba. El día de ayer
un vencejo vino a morir al umbral de mi puerta. No son
las manos de la muerte niña son las manos
de una humilde lavandera enrojecidas agrietadas míralas
manos de agua.

Las paredes de mi casa son de aliento. Cuando
me regalaste un vestido de hierbabuena
las muchachas todavía danzaban descalzas
en el patio de mi frente.

La calor terrible
los tomates de la pipirrana los alcaparrones
los ojos hinchados la miserable sombra
de los olivos.

En la madrugada
los jazmines que mi madre me dejó
en la mesita de noche perfuman mi cuarto. Mi infancia
es una sucesión
de golpes en el pecho.

Un dedo de mujer
señaló mi nuca con una marca negra es
arrojada a mis pies la leche agria de los cántaros
desde entonces. Te canto a través de los espejos
para que me escuches en pie venganza no flor de pena
aquel dedo
me juras
no pertenece a ninguno de los diez
que azulean en tus manos y a mí
en mi lluvia
qué otro remedio me quedará
que creerte.

Para perfumarse
empapa su pañuelo de vino amontillado. Se peina
como las damas suspirantes de Collier. Cubre de vaho
el espejo que sus antepasados utilizaban
para comprobar si alguien había fallecido. Mi amor

pasa las tardes viendo Netflix recicla las cápsulas de café
reniega del yoga y toma el sol con las palmas hacia arriba.
Mi amor
cortés de ramos de rosas
compradas en unos grandes almacenes qué lejano nos parece
cualquier pensil mi señora siempre distante en su prisión
de oro tónicos faciales y plumas de marabú amada mía
chándal rosa de Versace y chóquer de perlas
a sus pies me postro
para atarle las Nike de muelles.

Ni collares de perlas ni rubíes ni peinetas de carey
ni esclavas de oro ni gemas ni lapislázulis
donde se ponga un plato y un vaso ámbar
de duralex. En la cocina de mi madre

la vajilla que no tiene la reina y una ristra de ñoras.
Un ajuar de insectos y un racimo de cascabeles muerte moscatel
mi ajuar. Quién
pero quién va a casarse conmigo
si se me caen los ojos cuando se me secan
como si fueran las hojas de la morera que da sombra en el cementerio
a los nichos de los párvulos.

Hablo rojo
y me declaro perpetua hablo óxido de hierro vino tinto
todos
los dialectos del bisturí y la carne abierta
de las aves. Soledad oversize. En el mediodía
de mi propio abandono una muchacha que no eres tú
me hace un torniquete con la cinta de su pelo
podría   dime
reencarnarme en cristal. Caigo en el vacío
con el estrépito de la tapia
y ni aún así
pareces escucharme.

Des/personificación

Mateo Chica,
Laila Tafur y
residentes

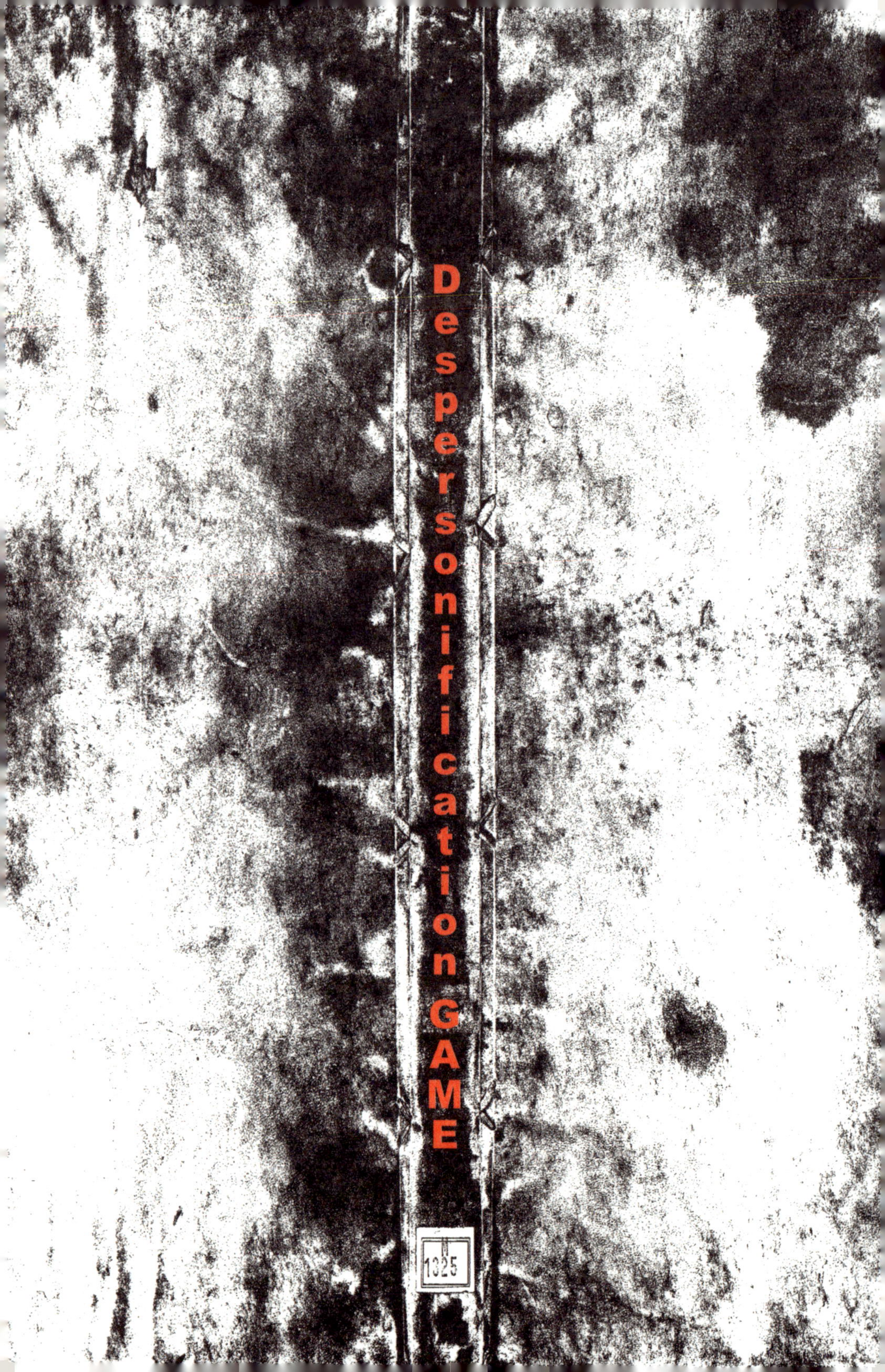
Despersonification GAME
1325

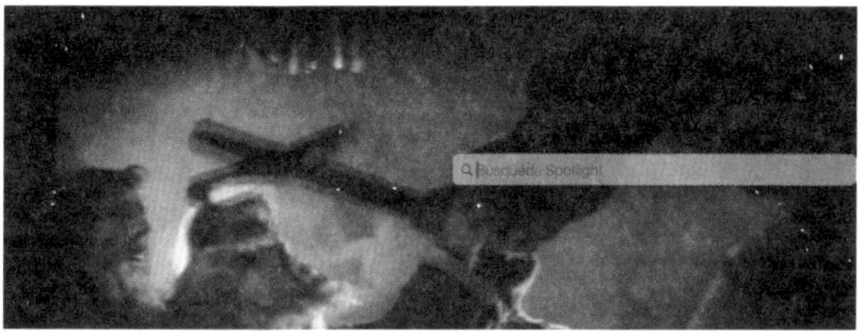

LIBRO PRIMERO.

Deseo decir de formas ya mudadas
En nuevos cuerpos; Dioses, ayudadme,
Pues fueron por vosotros transformadas.
Para lo cual el verso prolongadme
Del principio del mundo al de mi intento,
Y con alientos sacros animadme.
Antes que el mar, la tierra y firmamento,
Que todo lo contiene, se criase,
Faltaba á la natura su ornamento.
Cosa no había que en sí diferenciase
De otra, que un semblante se notaba
Doquiera que la vista se emplease.
Caos aquel abismo se llamaba (1),
Por ser la confusión de tal grandeza

Mateo dice.

SOY

SOY

SOMOS.

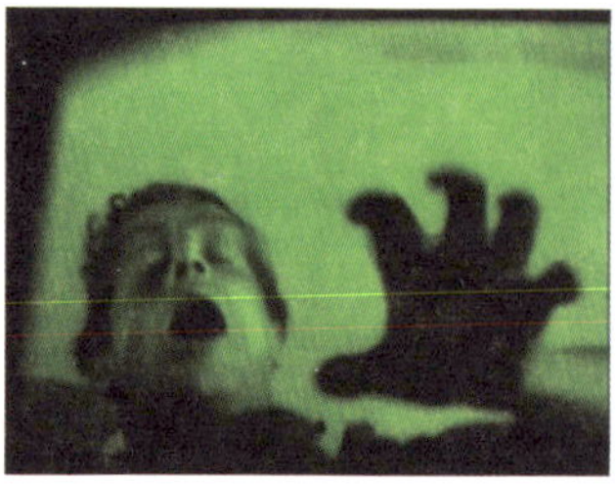

1

Sara por Begoña

Cuánto se te parecen
las espinas y las primaveras de los poetas cansados.
Te arrodillas para escuchar hablar a la tierra esta tarde
ha llovido
y bulle de lombrices. Los árboles existen acaso te lo has
preguntado alguna vez de verdad crees
estar segura
de haber contemplado uno alguna vez. Estamos tan solos

de eso seguro que sí que te has dado cuenta en un tiempo
fueron tan sólo las aves
y así
debió permanecer el mundo. La tierra, te decía,
comulga con las lombrices y esta tarde, que ha llovido,
ofrecen lecho a tu descomposición.

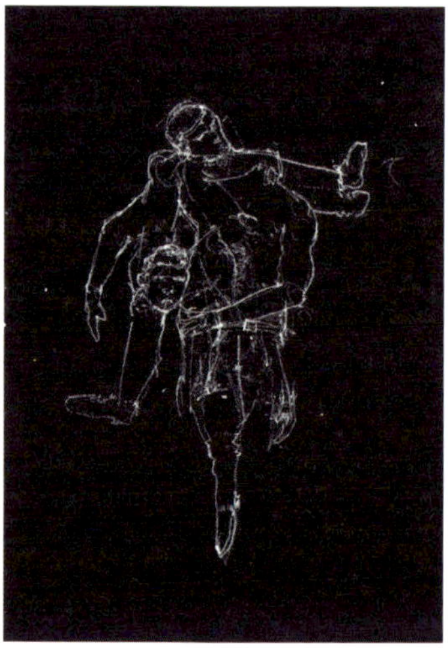

2

Miguel por Isabel Do Diego

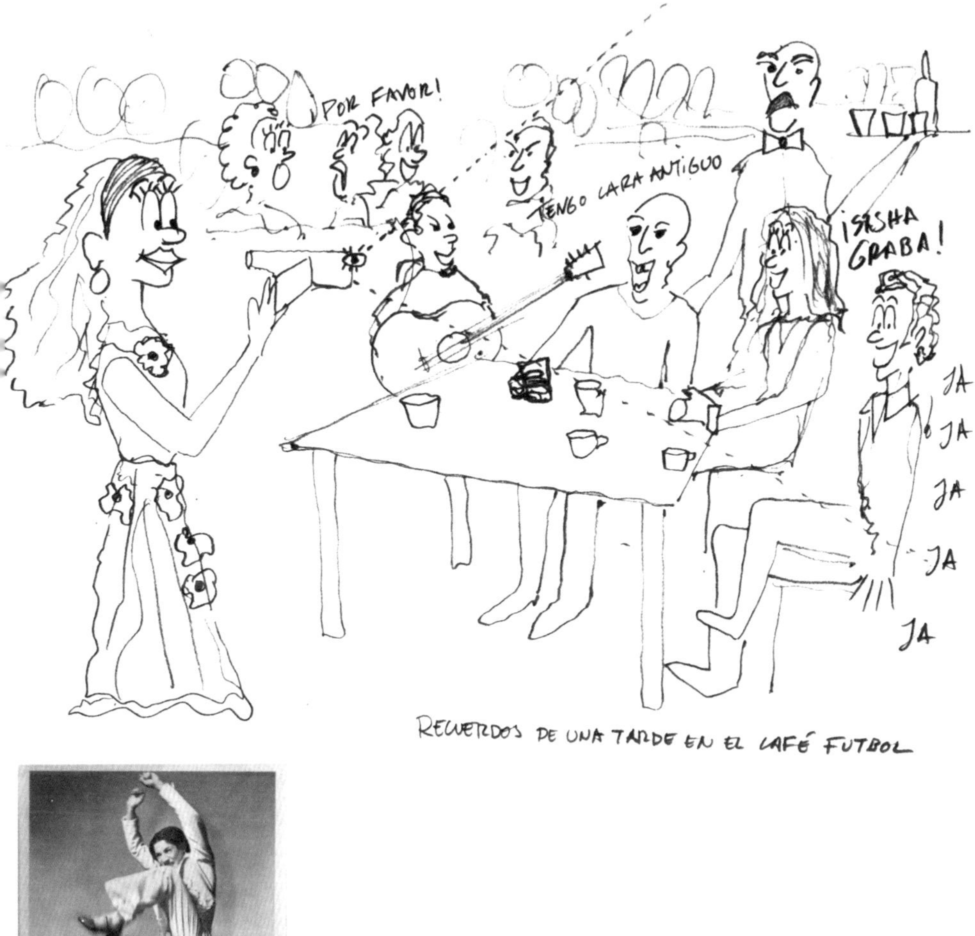

RECUERDOS DE UNA TARDE EN EL CAFÉ FUTBOL

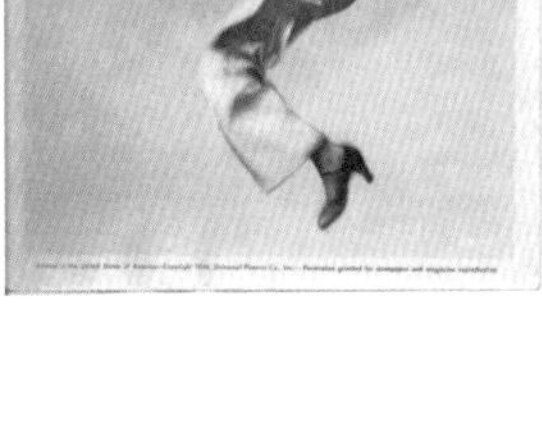

4
Enrique por Sasha

Mi nombre me lo pusieron por el proyeccionista del cine de mi pueblo, que se llamaba Enrique. Mis padres, Julia y Antonio, eran amantes del cine; de hecho, se conocieron allí.

3
Sasha por Miguel

Soy hija de siglos y siglos de evolución humana, vamos, como todos los que estamos por aquí. No me malinterpretéis, no digo esto con pretensión alguna, no siento que se me haya tocado con una varita mágica, ni nada de eso. Pero creo que conviene recordar esto, rara vez descubrimos algo nuevo en nosotros, la historia se repite cíclica y pendularmente, pero es esto mismo lo que hace especial el estudio y la observación del ser humano. Me considero una **observadora de la condición humana**. Todos somos **observadores e intérpretes** en esta gran obra que es la vida.

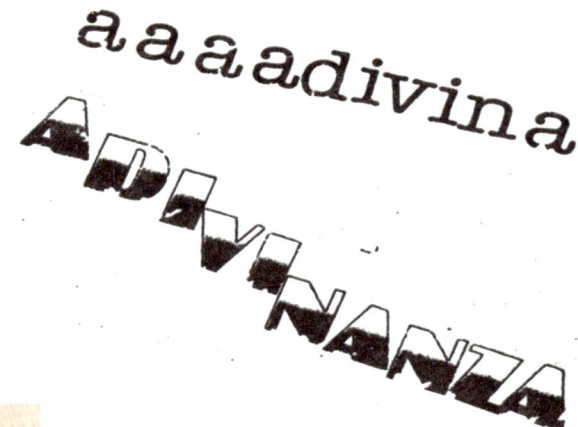

aaaadivina

ADIVINANZA

a la cabeza. Pero para mí ha sido una manera de reciclarlas y darles una nueva función, ya que ya no están Julia y Antonio para mirarlas con ese cariño suyo.

En la foto, la Peña Cinéfila de mi pueblo. Sentados en la silla: mis padres Julia y Antonio Ríos

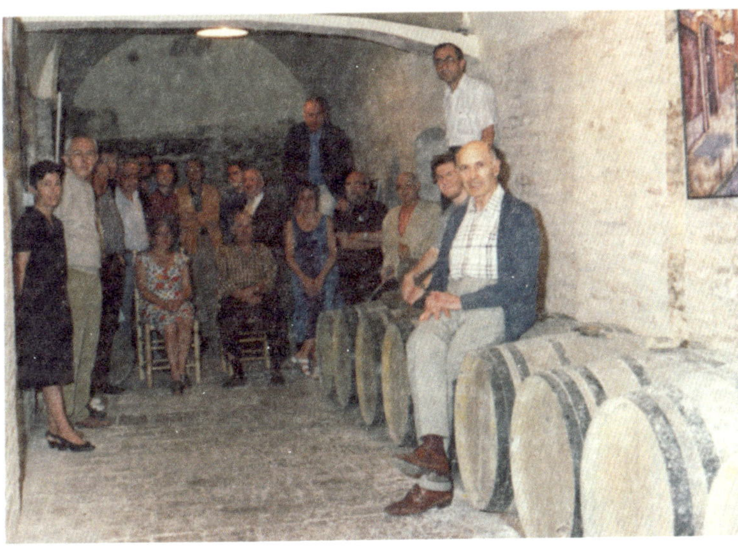

5
Ana por Enrique

soy bailaora.
caminos son el flamenco y las derivas experimentales
los zapatos de bailar resuenan también organismos de complejos circuitos.

satisfacción aunque no se podrá escenificar nunca.
-¿ Porqué no se podrá escenificar ?
- ¿ Es demasiado difícil ?
-¿ Harían falta demasiados ensayos ?
¿ Dificil ? No hay nada difícil, ahora vais a ver.
Es algo radiante, irradiante y tempestuoso.
Afortunadamente

Binomio expresión y técnica

7
Isabel Do Diego por Paula

Los cuerpos que habitamos se transforman constantemente; se hibridan con los elementos del entorno y con otros seres, reales o ficticios. Nuestras prótesis cambian de forma en sintonía con las composiciones. Somos como un sistema que evoluciona sin un propósito concreto más que el fluir para seguir existiendo. El fluir hiperbólico de una tonadillera mutante que, en el estupor constante de una copla en éxtasis, consigue hacerle frente a la muerte.

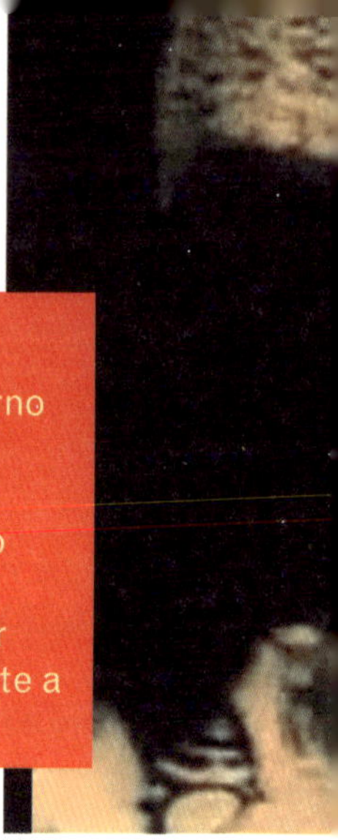

6
Paula por Sara

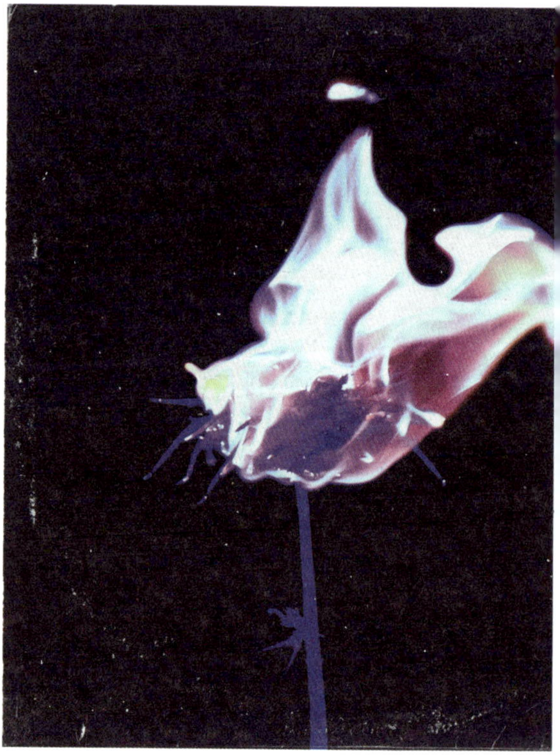

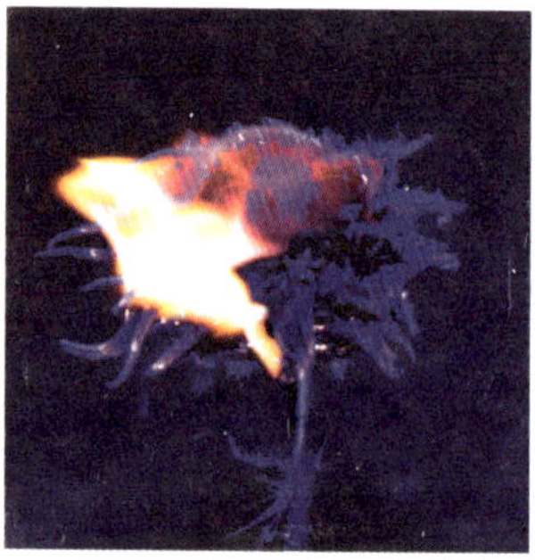

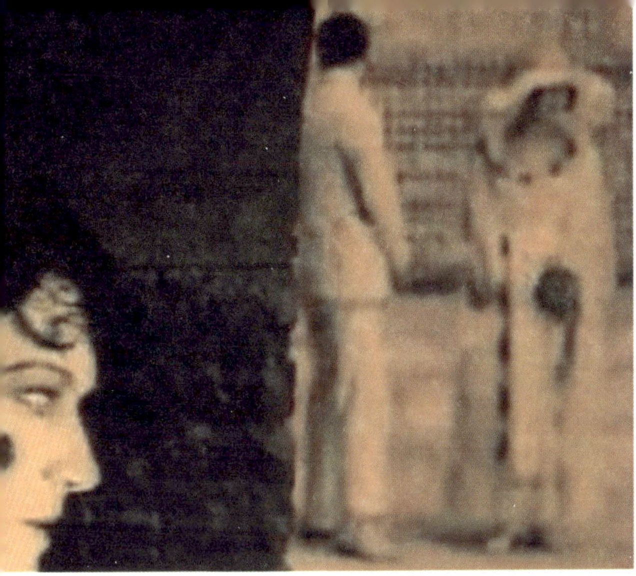

LETRAS

Soleá de Triana. La Perla de Triana
El árbol que está en un cerro
donde el agua no le llega
si no lo riegan a mano
que está propenso y se pierda

No quiero juerga ni vino. Terremoto (fandangos)
Árboles de la ribera
ten compasión tú de mí
que estoy queriendo de veras
a quien no me quiere a mí

La debla. Rafael Romero
Yo ya no era quien era
ni quien yo solía ser
soy un árbol de tristeza
pegaito a la pared
deblica barea

8
Begoña por Ana

Resuenan conmigo ese no-lugar simbólico a la vez bien localizado. No es tampoco tierra ni territorio, es parto inducido de un vampírico recogimiento engendrado en esta linea temporal. Una entrega al zarzal inevitable que ha sido este presente.

Laila dice

Robas, adoptas, asumes, encarnas, encuerpas al otro a través de los materiales que conforman su trabajo. Un ejercicio de mediumnidad en el que permites que el curro de otro hable a través de ti, a la vez que te desresponsabilizar del alcance de tu trabajo, permitiendo que este muestre su propia agencia a través de la mirada del otro. Una identidad des-hecha de cuerpo en cuerpo, de formato en formato, de soporte en soporte. Un ejercicio meramente comunicativo, de transmisión, que supone relacionarse con lo desconocido e incorporarlo. Este ejercicio no pide que te ocupes de ti, el sujeto termina por dar igual, es el enigma el que nos convoca.

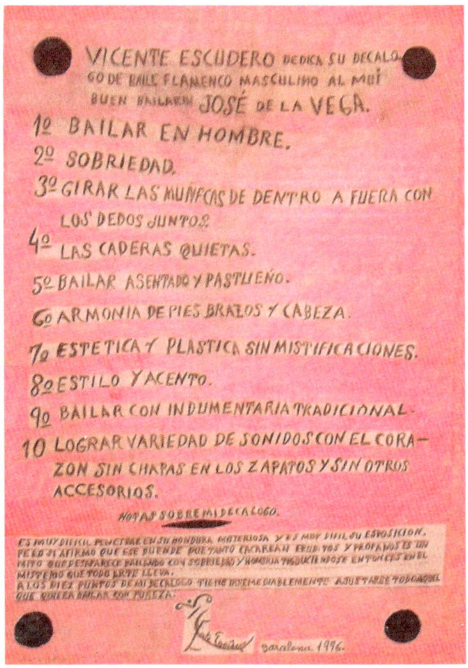

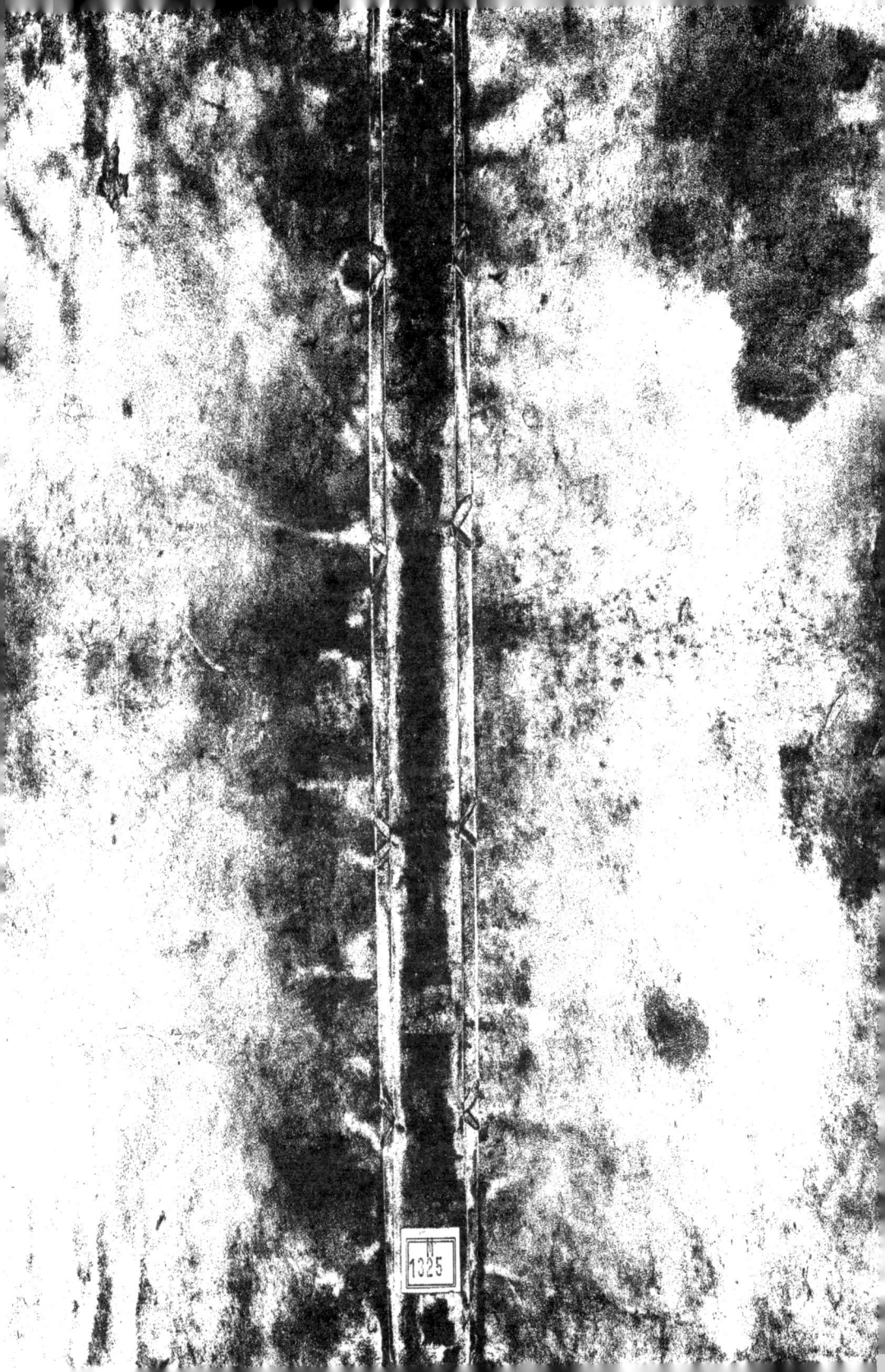

El programa Los Tientos ha sido ideado por la Universidad de Granada, a través de La Madraza. Centro de Cultura Contemporánea del Vicerrectorado de Extensión Universitaria y Patrimonio, con la colaboración de la Residencia Universitaria Corrala de Santiago, el Instituto Cervantes, la Fundación Federico García Lorca y el Consorcio Centro Federico García Lorca, la Fundación Archivo Manuel de Falla, la Diputación de Granada, la Escuela de Arte José Val del Omar de Granada-Fundación Robles Pozo y la Residencia Universitaria Carmen de la Victoria.

Embolismo por soleá (seguiriya y muerte) de Paula Bruna cuenta con el apoyo de las Becas para la investigación y la innovación en los ámbitos de las artes (OSIC, Generalitat de Catalunya)

EXPOSICIÓN

Comisariado
Antonio Collados Alcaide
Marina Hervás Muñoz
Marisa Mancilla Abril
Pedro Ordóñez Eslava

Coordinación museográfica
Manuel Rubio Hidalgo

Diseño y coordinación gráfica
Patricia Garzón Martínez
Carmen María Parra Ruiz
Irene Verdejo Navarro

Montaje expositivo
Equipo de mantenimiento de la Universidad de Granada

PUBLICACIÓN

Edita
Editorial de la Universidad de Granada
Colección Extensión Universitaria

Edición
Antonio Collados Alcaide
Marisa Mancilla Abril
Marina Hervás Muñoz
Pedro Ordóñez Eslava

Autores
Ana Arenas
Sasha Binia Benarie
Paula Bruna
Isabel Do Diego
Enrique del Castillo
Sara Espinosa
Miguel Guerrero
Julio Jara
Begoña M. Rueda

Coordinación gráfica
Patricia Garzón Martínez

Diseño y maquetación
Patricia Garzón Martínez
Carmen María Parra Ruiz
Irene Verdejo Navarro

Imprime
Comercial Impresores

Impreso en España

ISBN 978-84-338-7238-8
DL: Gr. 655-2024